neukirchener
theologie

Theologie Interdisziplinär

Band 10

Hermann Lichtenberger / Hartmut Zweigle (Hg.)

Als Theologen von Gott reden und das Reden zu Gott

Hermann Lichtenberger / Hartmut Zweigle (Hg.)

Als Theologen von Gott reden und das Reden zu Gott

Theologie in Gottesdienst und Gesellschaft

Mit Beiträgen von
Erhard Blum, Christian Buchholz,
Ernst Michael Dörrfuß, Volker Drehsen,
Sabine Großhennig, Elisabeth Hege,
Matthias Imkampe, Hermann Lichtenberger,
Friedrich Schweitzer, Christoph Schwöbel,
Brigitte Straßner und Wolfgang Traub

Neukirchener Theologie

FSC
Mix
Produktgruppe aus vorbildlich bewirtschafteten Wäldern und anderen kontrollierten Herkünften
www.fsc.org Zert.-Nr. SGS-COC-005773
© 1996 Forest Stewardship Council

Dieses Buch wurde auf FSC-zertifiziertem Papier gedruckt. FSC (Forest Stewardship Council) ist eine nichtstaatliche, gemeinnützige Organisation, die sich für eine ökologische und sozialverantwortliche Nutzung der Wälder unserer Erde einsetzt.

Bibliografische Information der Deutschen Nationalbibliothek

Die Deutsche Nationalbibliothek verzeichnet diese Publikation in der Deutschen Nationalbibliografie; detaillierte bibliografische Daten sind im Internet über http://dnb.d-nb.de abrufbar.

Umschlaggestaltung: Andreas Sonnhüter, Düsseldorf
Umschlagabbildung: © ekir.de
Lektorat: Ekkehard Starke
DTP: Yvonne Schönau
Gesamtherstellung: Hubert & Co., Göttingen
Printed in Germany
ISBN 978–3–7887–2504–4
www.neukirchener-verlage.de

Vorwort

Dieser Band vereint die Grußworte, die Dialogvoten und das Schlussvotum eines Studientags, der von der Evangelisch-theologischen Fakultät Tübingen und dem Evangelischen Pfarrverein in Württemberg am 9.7.2010 veranstaltet wurde. Etwa 500 Pfarrerinnen und Pfarrer waren gekommen, um das Thema »Von Gott reden – zu Gott reden« zu bedenken. Dankbar blicken wir auf die regen Diskussionen zurück, die sich aus dem Modell der Dialogvoten entwickelten: Eine Pfarrerin / ein Pfarrer sollte aus der Praxis Problemanzeigen und Anstöße geben, von der Fakultät her sollte darauf geantwortet werden. Diese Antworten ergaben sich oft erst in den regen Plenumsdiskussionen, die in die Druckfassung eingegangen sind.

Wir bedauern, dass wir das Thema des Studientags »Von Gott reden – zu Gott reden« nicht als Buchtitel verwenden konnten, da er im Verlag schon vergeben war.

Zu danken haben wir den Autorinnen und Autoren für die Bereitstellung ihrer Manuskripte. Marietta Hämmerle und Monika Merkle haben sie durchgesehen und für die Druckvorlage technisch bearbeitet, Frau Schönau hat sie für den Druck eingerichtet. Der Fakultätsvorstand hat die Aufnahme in die Reihe der Fakultät befürwortet, Herr Hegner und Herr Starke haben den Druck im Verlag betreut. Ihnen allen sei herzlicher Dank.

Die Evangelisch-theologische Fakultät und der Evangelische Pfarrverein in Württemberg möchten diese fruchtbare Zusammenarbeit fortsetzen.

Tübingen/Sindelfingen im Februar 2011

Hermann Lichtenberger
Hartmut Zweigle

Grußwort des Dekans der Evangelisch-theologischen Fakultät Prof. Dr. Friedrich Schweitzer

Ich freue mich, Sie hier in so großer Zahl zum diesjährigen Studientag von Fakultät und Pfarrverein begrüßen zu dürfen! Es ist ein gutes Zeichen unserer Zusammenarbeit und – ich möchte sagen – unserer Zusammengehörigkeit, dass ein solcher Studientag nicht nur veranstaltet und angeboten, sondern dass er auch mit so großem Zuspruch wahrgenommen wird. Besonders freue ich mich, heute auch Studierende begrüßen zu können.

Als wir vor etwa vier Jahren erstmals über eine solche Veranstaltung nachdachten, haben wir uns gewünscht, dass wenigstens mehr als hundert Teilnehmerinnen und Teilnehmer zusammenkommen sollten. Entsprechend haben wir einen Raum reserviert, der sich freilich bald als zu klein erwies. Auch der nächste Raum, der vielleicht drei- oder vierhundert Personen hätte fassen können, reichte angesichts der Anmeldungen schon bald nicht mehr aus. So waren wir beim ersten Studientag dieser Art mit fast 600 Personen sehr gut besucht.

Solche Vorgaben machen natürlich auch Angst, denn wiederholen lässt sich so etwas ja nicht. Der Pfarrverein war freilich doch so mutig, beim ersten gleich den zweiten Studientag anzukündigen, und tatsächlich sind auch heute wieder mehr als 400 Teilnehmerinnen und Teilnehmer zusammengekommen. Damit ist der Punkt erreicht, an dem unser Studientag zu einer Institution geworden ist. Ich freue mich schon auf viele weitere Tage dieser Art!

Herzlich willkommen also! Nicht um der Zahlen willen, sondern wegen der Sache, um die es uns heute gemeinsam geht. Unsere Tübinger Fakultät will keine Einrichtung im berühmt-berüchtigten Elfenbeinturm sein. Über die verschiedenen Fächer hinweg verbindet uns das gemeinsame Anliegen, Theologie so zu treiben, dass sich damit im Pfarramt und in der Schule etwas anfangen lässt. Die theologische Bildung und Ausbildung will sich vor den Anforderungen der Praxis nicht verstecken. Sie bietet schon lange, was heute als translationale Forschung und Wissenschaft wieder neu entdeckt wird – Theologie für die Praxis.

Die Verbindung zwischen akademischer Theologie und Praxis verstehen wir dabei nicht als Einbahnstraße. Beide Seiten können hier etwas beitragen, und beide können und sollen voneinander lernen. Deshalb ist die Veranstaltung von Anfang an dialogisch aufgebaut, und die Praxis soll heute ausdrücklich das erste Wort haben. Vielleicht trifft es ja zu, dass eine Theologie, nach der man fragen darf, auch gefragt sein wird.

Das Thema unseres Studientags *Von Gott reden – zu Gott reden* führt uns jedenfalls mitten hinein in Grundfragen sowohl der Praxis in Gemeinde und Schule als auch der akademischen Theologie. Nicht erst seit den jüngsten Invektiven der neuen atheistischen Mission ist der Gottesglaube umstritten. Und er ist es umso mehr, wenn es nicht einfach um einen allgemeinen, und deshalb häufig vagen, Gottes- oder Transzendenzbezug geht.

Wer von Gott reden und öffentlich von Gott sprechen soll, muss Formen finden, die heute noch verstanden werden. Und wie wir alle wissen, ist dann der Weg zur Theodizee-Frage – nicht zufällig Thema unseres ersten Studientages – nicht weit: von Gott reden angesichts einer Welt, die schon im Ansatz dem Glauben an einen Gott zu widersprechen und ihn zu widerlegen scheint.

Und doch ist aus zahlreichen Untersuchungen bekannt, dass der Gottesglaube in Deutschland noch immer weit verbreitet ist. Die Zahl der Atheisten ist besonders im westlichen Deutschland sehr klein. Darüber sollten wir uns auch durch mediale Propaganda nicht hinwegtäuschen lassen.

Aber auch *zu Gott* reden? Und wie? Die Antwort auf diese Frage fällt noch einmal deutlich schwerer. Aber auch in diesem Falle scheint die nicht öffentlich thematisierte Praxis der Frömmigkeit noch immer sehr weit zu reichen. Gebetet wird viel – darüber gesprochen wird nur wenig.

Wie soll und kann sich die Theologie dazu positionieren? Weiterführende Empfehlungen können nicht einfach am Katheder gefunden werden. Viele Pfarrerinnen und Pfarrer suchen auch nach neuen Möglichkeiten einer Gottesrede, die von den Menschen unserer Zeit verstanden und, wo möglich, auch so angenommen wird, dass sie selbst zu Gott reden wollen. Daran sollten wir gemeinsam weiterarbeiten.

Es war und ist uns wichtig, dass prinzipiell alle theologischen Disziplinen an den Fragen einer Theologie im Pfarramt beteiligt sein sollen, auch wenn dies an einem einzelnen Tag nur exemplarisch möglich ist. Auf diese Weise soll sichtbar werden, dass die Theologie tatsächlich eine gemeinsame Aufgabe hat und dass alle Disziplinen an dieser Aufgabe teilhaben.

Ich bin allen, die zum Zustandekommen des heutigen Programms beigetragen haben, sehr dankbar. An erster Stelle nenne ich die Kolleginnen und Kollegen aus dem Pfarrverein, die sich mit großem Engagement auf die Vorbereitungsarbeit eingelassen haben. Stellvertretend genannt seien Pfarrer Hartmut Zweigle und, als Vorsitzender, Schuldekan Christian Buchholz, die hier eine besondere Zuständigkeit wahrgenommen haben. Auf Seiten der Fakultät hat Studiendekan Hermann Lichtenberger die Feder geführt. Ihm und den Kollegen, die heute Vorträge übernommen haben, gilt der spezielle Dank unserer Fakultät. Das gilt auch für Ursel Krüger-Keim und Regine Müller im Dekanat, die viele unsichtbare Stunden in das Unternehmen investiert haben.

Ihnen allen aber danke ich für Ihr Kommen! Es ist schön, dass Sie heute – wie in vielen Fällen gesagt werden darf – Ihren früheren Studienort auch als einen Ihrer jetzigen sehen wollen.

Grußwort des Vorsitzenden des Evangelischen Pfarrvereins in Württemberg, Schuldekan und Pfarrer i.R. Christian Buchholz

Ein herzliches Willkommen an diesem wunderbaren Sommertag in Tübingen in den illustren Räumen der Alma Mater Tuebingensis!
Zum zweiten Mal haben wir als Pfarrverein zusammen mit der Fakultät zu diesem Tag eingeladen. Von einem »Dämmerschlaf der Bedeutungslosigkeit« – wie ein sich bedeutungsvoll gerierendes Wissenschaftsgremium der Theologenschaft vor kurzem öffentlich vorgeworfen hat – kann nicht die Rede sein.[1] Im Gegenteil: Über 400 Pfarrerinnen und Pfarrer – Aktive und Emeriti – aus Gemeinden, Sonderdiensten und Funktionsstellen unserer Landeskirche in Württemberg – sind zur Bildung zusammengekommen! Philipp Melanchthon würde sich freuen. Wir vom Vorstand des Pfarrvereins freuen uns mit Ihnen auf diesen Tag, zumal Bildung und Gespräch ja wesentliche Dimensionen des pastoralen Dienstes sind. Und Tübingen bietet sich für das Gespräch insbesondere an:

»Könnte ich so dichten, wie hier alles klug
Verteilt ist, jedes steht an seiner Stelle.
Des Dunklen nicht zuviel, genügend Helle,
Die Burg, die Brücke, und der Straße Zug

Zur Burg hinauf: verborgen nicht zuviel
Und sichtbar doch nicht alles. Auch die Wellen
Des Neckars halten Maß: in ihrem Spiel
Erscheint das Meer schon, und zugleich der Quellen

Ursprung ist spürbar. So geordnet ist
Dies alles, einfach, und doch reich gegliedert.
Wie ewiges Gespräch. Darin vermißt

Man keine Stimme. Alles wird erwidert.
Zur Brücke spricht die Burg. Die Brücke spricht
Hinab zum Fluß. Ins Dunkel spricht das Licht.«
(1938 Johannes R. Becher[2])

1 So der Wissenschaftsrat, vgl. Pfarrverein aktuell 2/2010, 10.
2 Tübingen oder Die Harmonie, in: Der kleine Conrady, 427.

Der gegenseitige Austausch, das Gespräch, soll Movens dieses Tages sein. Deshalb haben wir die Methode gewechselt und kompetente Pfarrerinnen und Pfarrer um ihre Beiträge gebeten, auf die die Fakultätsmitglieder reagieren werden.
Auch die Themenstellung schon reizt zum konstruktiven Austausch: Sowohl das berühmte Diktum von Karl Barth, das wir im Einladungstext zitieren, als auch die öffentliche und theologische Verantwortung im pastoralen Dienst werden kontrovers diskutiert. Prof. Dr. Kirsten Busch Nielsen aus Kopenhagen hat bei der erst vor wenigen Wochen stattgefundenen Konferenz der europäischen Pfarrverbände in Wisla/ Polen davon gesprochen, das trotz theologischer und reformatorischer Erkenntnis Pfarrer und Pfarrerinnen in ihrer öffentlichen seelsorgerlichen Funktion gleichsam als »stellvertretend die Religion und das Christentum« – ich möchte ergänzen »Gottes Präsenz« – widerspiegeln. »Stellvertretende Sprecher« oder »Glaubensvikarinnen« nennt Busch Nielsen die Pfarrerinnen und Pfarrer![3] So möge das »Reden zu Gott« und das »Reden von Gott« als theologische Aufgabe in Gottesdienst und Gesellschaft nicht nur heute einen breiten Raum einnehmen, weil wir täglich im Amt und als Person daran gemessen werden – ob und wie wir zu Gott reden und von Gott reden. Diese zentrale Frage möge auch ein Beitrag dazu sein, dass der missliche Vertrauensschwund, dem wir – zusammen mit unseren katholischen Brüdern – ausgesetzt sind, geklärt und der Botschaft des Evangeliums in unserer Person und durch unsere Person Rechnung getragen wird. Sind wir denn in unserem protestantisch geläuterten Selbstbild »Boten des Herrn« – wie es die Losung von heute sagt?

So wünsche ich einen erfolgreichen und erfreulichen Studientag unter Gottes Segen:
»Des Priesters Lippen sollen die Lehre bewahren, dass man aus seinem Munde Weisung suche. Denn er ist ein Bote des Herrn«.
(Maleachi 2,7 / Losung für den heutigen Tag)

[3] Geplante Veröffentlichung des Referates in DPfrBl.

Grußwort des Oberkirchenrats der Evangelischen Landeskirche in Württemberg Pfarrer Wolfgang Traub

Ganz herzlich möchte auch ich Sie im Namen unserer Württembergischen Landeskirche zu diesem 2. gemeinsamen Studientag des Evangelischen Pfarrvereins in Württemberg und der Evangelisch-theologischen Fakultät der Universität Tübingen begrüßen. Ich freue mich, dass es nach den sehr guten Erfahrungen des ersten Studientages diese Fortsetzung gibt und dass Sie durch Ihre zahlreiche Teilnahme und Ihr Interesse deutlich machen, wie wichtig diese gemeinsame Auseinandersetzung mit uns bewegenden Themen und Fragestellungen ist; wie unverzichtbar der theologische Diskurs und der Erfahrungsaustausch für unsere jeweiligen Aufgaben und Arbeitsfelder sind.
Durch Voten aus verschiedenen Bereichen des Pfarramtes und diesen zugeordneten Vorträgen aus dem Bereich der wissenschaftlichen Reflexion werden wir uns heute intensiv und vielfältig mit dem Thema »Von Gott reden – zu Gott reden. Theologie in Gottesdienst und Gesellschaft« beschäftigen.
Ich möchte die Gelegenheit nutzen, um dem Evangelischen Pfarrverein, der Evangelisch-theologischen Fakultät und allen in der Vorbereitung und Durchführung Beteiligten ganz herzlich zu danken, dass dies heute bei diesem Studientag möglich ist.

»Von Gott reden« – dieser erste Teil des heutigen Themas beschreibt den Auftrag, dem wir uns alle verpflichtet wissen und in unserem jeweiligen Aufgabenbereich stellen. An der Fakultät in Forschung und Lehre, in Vorlesungen und Seminaren. Im Pfarramt in Verkündigung und Seelsorge, im Unterricht und in anderen Aufgabenbereichen.
Wir sind in unserem jeweiligen Bereich Fachleute auf diesem Gebiet, haben uns dazu erforderliche Kompetenzen und Fähigkeiten erworben und sind uns auch bewusst, dass es diese weiter zu entwickeln und zu vertiefen gilt, wozu der heutige Tag seinen Beitrag leisten soll.
Der zweite Teil des heutigen Themas »Zu Gott reden« lenkt unseren Blick nicht nur auf Gottesdienst und Formen, Sprache und Anlässe des Gebetes, sondern auch auf unsere eigene Beziehung und unser persönliches Reden zu Gott.
Wie diese Wechselwirkung und dieses Zusammenwirken des »Von Gott Redens« und des »Zu Gott Redens« Gestalt gewinnen und wirk-

sam werden kann, hat Ernst Lange in einem Gebet anschaulich und eindrücklich zum Ausdruck gebracht, aus dem ich einen Abschnitt zitiere:

»Ich möchte zuständig sein für die Verkündigung Deines Wortes.
Laß mich tiefer eindringen in die Heilige Schrift.
Laß mich in ihren Stimmen Deine Stimme vernehmen
und Tag um Tag Deinen guten Willen erkennen.
Hilf mir, sachgemäß umzugehen mit dem Werkzeug der Auslegung.
Hilf mir zum gesammelten Meditieren.
Hilf mir, meine Sprache immer besser zu meistern.
Denn ich möchte zuständig sein für die Verkündigung Deines Wortes.«

Ich wünsche uns allen, dass uns der heutige Studientag Anregungen und Impulse für uns selbst und für unsere Arbeits- und Aufgabenbereiche gibt, damit unser Reden *von* Gott und unser Reden *zu* Gott gelingt.

Inhalt

Brigitte Straßner

Gotteserfahrungen im Tal der Schwermut und auf den Höhen des Wahns

Wenn Menschen beten, dann lassen sie damit tief in ihr Inneres blicken. In den Gebeten erkennen wir ihre Hoffnungen und Sehnsüchte, ihre Ängste, ihre Wut, ihre Freude und ihre Trauer. Wir begegnen ihren Gefühlen. Und wir begegnen in dem allem auch Gott und dem, was Gott für sie in diesen unterschiedlichen Lebenslagen und Gefühlszuständen bedeutet.
Wer ist Gott für mich?
Wofür beanspruche ich ihn?
Wozu brauche ich ihn, und wofür missbrauche ich ihn vielleicht auch?

Seit ich Menschen mit psychischen Erkrankungen in der Seelsorge begleite, beschäftigt mich intensiver die Frage nach unseren Gottesbildern. Welche Hilfe, aber auch welche Hindernisse, mein Leben zu bewältigen, liegen in meiner Beziehung zu Gott?
Es gibt heilvolle und unheilvolle Gottesbeziehungen, krankmachende und gesunde. Dabei ist es nach meiner Erfahrung nicht so, dass bei Menschen mit einer psychischen Erkrankung auch die krankhaften und krankmachenden Gottesbilder vorherrschen. Ich möchte in meinem Beitrag Gebete von Patientinnen und Patienten vorstellen, in denen deutlich wird, wie Menschen gerade durch die heilvolle Gottesbeziehung in ihrer Krankheit neuen Lebensmut schöpfen und Fähigkeiten entwickeln, die ihnen helfen, aus der Isolation ihrer Krankheit herauszukommen.
Das erste ist ein Gebet einer etwa 35-jährigen Verwaltungsangestellten. Sie litt unter Versagensängsten, fühlte sich nicht in der Lage, ihr Leben zu bewältigen, zog sich stark vor den Menschen zurück, fühlte sich beobachtet …
Sie schrieb in das Gebetbuch, das in unserem Andachtsraum ausgelegt ist:

Es ist mein tiefster Wunsch, an einem Ort sein zu können, wo ich angenommen und geliebt bin, wie ich bin. Mit den Gedanken, die ich denke und die mir helfen, mir meine Welt zu erklären. Meine Welt, die innere und äußere, ist geprägt von meiner Krankheit, und so sind meine Gedanken und Verhaltensweisen oft verquer. (Aus der Sicht gesun-

der Menschen vielleicht.) Gott, du schenkst mir immer wieder Zeit und Raum, wo ich mit meiner Krankheit und mit dir allein sein kann. Du schenkst mir dann ein ganz starkes Gefühl der Geborgenheit. Ich weiß, dass mir das schon sehr oft sehr gut getan hat. Und mir ist bewusst, wie oft ich mich in diesen Momenten »ganz« gefühlt habe.
Und dann schickst du mich immer wieder hinaus in die Begegnungen mit Menschen, in die Konfrontation mit der Arbeit. Und das fällt mir so schwer. Steckt hier die Chance, zu wachsen und ein Stück weit gesünder zu werden? Lieber Gott, ich möchte danke sagen für all das, was du mir zugedacht hast und was du mir schenken möchtest.
Bitte gib mir den Mut, die Hilfe bei dir zu genießen und den Kontakt mit anderen Menschen zuzulassen. Gib mir die Kraft, über die Krankheit zu sprechen und meine Gedanken nach außen zu transportieren. Sende mir bitte Menschen, die es gut mit mir meinen und mich darin bestärken, dass ich den Kontakt zulasse.

Diese Patientin erlebt Gott als einen, bei dem sie sich ganz geborgen wissen kann, der ihr in ihrer Zersplitterung hilft, ganz zu werden, sich neu zu finden. Gleichzeitig fühlt sie sich aber auch von Gott herausgefordert, der ihr auch zumutet, aus sich herauszugehen und sich in ihrer Krankheit nicht noch mehr zu isolieren.
Ich habe mitverfolgen können, wie sie innerlich mit sich gekämpft hat, mit Menschen in Kontakt zu gehen und sich nicht zu schonen. Gerade deshalb hat mich dieses Gebet so sehr berührt, weil in ihm beides so stimmig zusammenkommt: das Vertrauen auf Gottes Hilfe und das Selbstvertrauen, um das sie gerungen hat.

Etwas anders stellt sich das im Gebet einer weiteren Patientin dar:

Gott, wenn es dich wirklich gibt, dann hilf mir bitte dabei, meine Vergangenheit zu akzeptieren. Weiterhin bitte ich dich, mir die ganze Scheiße zu verzeihen, die ich in meinem Leben gebaut habe. Bitte sorge dafür, dass meine Tochter ein besseres Leben bekommt, als ich es gehabt habe, da dies nicht mehr in meiner Hand liegt. Hilf mir, den Hass gegen die Personen, die mich hier hereingebracht haben, abzubauen. Hilf mir bitte auch dabei, herauszufinden, wer ich wirklich bin und was ich wirklich will. Ich habe heute einfach keine Kraft mehr, an mir zu arbeiten. Am liebsten würde ich mit meinem Auto gegen den nächsten Baum fahren oder eine Nase ziehen. Bitte gib mir Kraft.

Hier erlebt ein Mensch Entlastung, indem er seine schuldhafte Vergangenheit auf Gott werfen kann. Entlastung erfährt die Beterin aber auch im Blick auf ihre Zukunft. Sie erbittet Bewahrung für ihr Kind, Kraft für die Bewältigung des Alltags und Hilfe im Umgang mit Hassgefühlen. In der Beziehung zu Gott hofft sie, sich selber besser zu verstehen, sich im Tiefsten zu erkennen und neu zu finden. Und sich nicht nur an sich selbst abarbeiten zu müssen. Die einschränkende Bemerkung »wenn es dich gibt« deutet an, dass sie Gottes Existenz in Zweifel ziehen könnte, wenn die Erhörung ihres Gebets, so wie sie es sich wünscht, vielleicht ausbleibt. Die Art, wie sie ihre eigenen Möglichkeiten, ihr Schicksal und das ihres Kindes in die Hand zu nehmen, einschränkt und es nur Gott überlässt, lässt auch die Deutung zu, dass Gott für sie eine Art Lückenbüßer darstellt, um sich der eigenen Verantwortung nicht zu stellen.

Damit komme ich zu den eher zwiespältigen Gotteserfahrungen.
Es ist für viele Kranke belastend zu erkennen, dass ihr Verhältnis zu Gott auch von der psychischen Krankheit tangiert sein kann, wie das zum Beispiel bei einer schweren Depression der Fall ist. Gerade dann, wenn man die Hilfe Gottes am nötigsten bräuchte, leidet man am meisten darunter, dass auch diese wichtige Dimension des Lebens nicht mehr unmittelbar zugänglich ist. »Ich spüre nichts mehr von Gott. Da ist keine Resonanz von ihm. Ich kann nicht mehr beten. Ich kann nicht mehr glauben, dass Gott mir nahe ist …«, klagen sie. Dann ist es wichtig, gerade gläubigen Menschen zu vermitteln, dass nicht mangelnder Glaube oder schwaches Gottvertrauen die Ursache für ihren erstarrten Glauben ist, sondern dass es ihre Depression ist, die sie lähmt und zweifeln lässt. Das verinnerlichte Gebot, ja nicht an Gottes Gegenwart zu zweifeln, ruft erst recht weitere Schuldgefühle hervor, was der Depression neue Nahrung gibt.

Noch schwerer wiegt, wenn das Gottesbild, das einen geprägt hat, selber einen Anteil, eine Mitursache an der psychischen Erkrankung darstellt.
Äußere Einflüsse, denen solche Menschen ausgesetzt waren, z.B. in der Familie und in bestimmten Gemeinde- bzw. Gemeinschaftsstrukturen, haben tiefe krankmachende Spuren in ihrem Leben hinterlassen. Sie drücken sich aus in Leitsätzen wie: »Du darfst nichts als nur Gott in den Vordergrund deines Lebens stellen.« »Du musst dein Ich verleugnen.« »Deine Krankheit ist eine Strafe Gottes.« »Wenn du nur wieder richtig glaubst, wird Gott dir helfen.«
Ein solches Zerrbild Gottes schleppt eine 23-jährige Patientin mit sich herum, die unter einer tiefen Persönlichkeitsstörung leidet, ihr Körper ist übersät von Narben und Brandwunden, verursacht durch ihre Selbstverletzungen mit Zigaretten, die sie auf ihrer Haut ausdrückt. Sie wuchs in einem extrem rigiden frommen Elternhaus und einer ebenso engen christlichen Gemeinschaft auf. Als einzige von ihren acht Geschwistern fällt sie völlig aus dem Rahmen. Von Gott, wie man ihn ihr vermittelt hat, hat sie sich abgewandt, und doch spricht sie in ihrer Verzweiflung noch zu ihm:

Lieber Gott, ich mag nicht mehr. Nimm mich endlich von hier fort. Bitte! Ich hab auf Erden nichts verloren. Ist's nicht endlich genug? Es reicht doch?! Herrgott, wie ich dich manchmal hasse. Was hab ich dir getan? Ich mag keine Menschen mehr sehen. Mag nichts mehr hören. Wer versteht mich schon. Verfolgt, ausgebeutet, zur Schlacht geführt. Ich bin so unglücklich. Alle meine Beziehungen zerstör ich ... Immer war ich schuld, wenn einer etwas falsch machte, und jetzt hab ich nur noch das Gefühl, alles falsch zu machen ... Gott hat mir alles genommen, sogar meine beste Freundin. Jetzt hab ich niemanden mehr. Ich bin praktisch verloren. Deshalb möchte ich auch gehen. Was sollte mich noch auf Erden halten. Ich kann doch an nichts Schönem mehr Anteil haben. Satan ist mir auf Schritt und Tritt hinterher. Gott, ich will einfach nicht mehr. Warum quälst du mich so? Was soll ich noch tun, damit du endlich Gnade erscheinen lässt?

Vielleicht kann man diese tiefe Verzweiflung und diesen Hass auf Gott noch besser verstehen, wenn man die Leitsätze liest, mit denen sie aufgewachsen ist und die sie während der Therapie aufgeschrieben hat:

- *jedem alles recht machen*
- *keine/n weltlichen Freund/Freunde haben*
- *sich nicht wehren, nicht streiten*
- *sich an eigenem Leid erfreuen*
- *dankbar sein*
- *kein Erholen, kein Wellness, sondern hart arbeiten, nicht ruhen. (Wer nicht arbeitet, soll auch nicht essen)*
- *kein Zweifel am Glauben*
- *keine kurzen Röcke, Jeans, auch keine Schminke, Friseur etc.*
- *sich nichts gönnen, z.B. Kino etc.*
- *keine Musik, kein Fernsehen, Internet*
- *nicht rauchen, kein Alkohol, Drogen, Piercings, Ohrlöcher, Nägel lackieren*
- *Verantwortung an Gott abgeben*
- *auf nichts und niemand achten (Kopf gesenkt, demütig, ergeben)*
- *Drohung mit Strafen*
- *Rechenschaft ablegen über schlechte Gedanken und Taten*

Wie gut können wir auf dem Hintergrund solch einer Prägung diesen verzweifelten Ruf nach Gottes Gnade verstehen. Aber wie kann seine Gnade erfahren werden, wenn das Bild, das man dieser jungen Frau von Gott vermittelte, so gnadenlos aussieht? Gerade weil diese Mischung von Moral und Gottesbild mit ungebrochener und nicht hinterfragbarer Autorität vermittelt wurde, ist es für die Patientin bisher unmöglich, sich von ihm zu distanzieren und sich für ein anderes Gottesbild zu öffnen.

Ebenso schwierig ist, wenn Glaube und psychische Zwänge kaum zu unterscheiden sind: »Ich musste das tun! Ich war so von Gott (oder auch vom Teufel) getrieben!« Dies ist eins der Symptome psychotischen Erlebens. »Ich muss die Menschen zu Gott rufen, damit sie nicht verloren gehen«, sagte mir ein Patient. Was er getan hatte, war folgendes: Angeregt durch das Jesuswort »weide meine Schafe« (Joh 21,16) hat er eine große Schafherde aus einem Pferch entführt. Er hat sich eingebildet, die Schafe müssten auf seine Stimme hören, und das sei ein Zeichen, dass er wie Petrus beauftragt sei, Menschen zu Gott zu führen. Die Schafe haben mitnichten auf seine Stimme gehört: Er hat vielmehr u.a. ein Verkehrschaos angerichtet, und die Schafe verstreuten sich in alle Richtungen. Die Anzeige des Schäfers und das Offenbarwerden anderer Wahnvorstellungen haben dazu geführt, dass er mit Verdacht auf Psychose in die Klinik eingeliefert wurde.
Gehorsam gegenüber einem göttlichen Auftrag oder Kennzeichen eines krankhaften Zwanges – wo verläuft hier die Grenze? »Ich muss es tun«, sagt auch Paulus »und wehe mir, wenn ich das Evangelium nicht predigte.« (1Kor 9,16)

In seiner Untersuchung über religiöse Psychosen stellt der Klinikseelsorger R. Mundhenk[1] fest, dass sich Glaube und religiöses Wahnerleben in ähnlichen Phänomenen äußert. Wie in einer Steigerung, lassen sich folgende ineinander fließende Entwicklungsstufen erkennen: Die Überzeugung, Gottes Willen zu tun, geht über in ein tiefes inneres Erlebnis, nur noch »Werkzeug in der Hand Gottes zu sein ohne eigenen Willen.« Und schließlich »spricht der Mensch nicht mehr im eigenen Namen, sondern es redet scheinbar Gott aus ihm. Stets ist es die Überwindung der eigenen Begrenztheit, der innerlichen und der äußerlichen, die in der Abhängigkeit von etwas Höherem, Größerem erlebt wird, und Glaubens- und Wahnerleben gleichermaßen kennzeichnet.«
Von Gott reden – zu Gott reden erlebe ich von daher immer wieder als eine Gratwanderung: Wofür brauche oder missbrauche ich Gott, wenn ich ihn um Hilfe bitte bzw. in seinem Namen zu handeln vorgebe? Ist der Satz: »Gott hat zu mir und durch mich gesprochen« absolut gesehen möglich, wenn ich die vielen, von Menschen gemachten und durch Krankheit entstandenen, Zerrbilder Gottes sehe?

Wenn ich daraufhin meine Praxis im Gottesdienst und in der Seelsorge reflektiere, dann merke ich, dass sich mein Gottesbild im Laufe meiner Arbeit mit psychisch kranken Menschen verändert hat. Ich bin, was das Reden von Gott angeht, kritischer geworden. Oft mahne ich zur Vorsicht, wenn Gott Zuschreibungen gemacht werden, die, nach mei-

1 *Mundhenk, R.*, Sein wie Gott – Aspekte des Religiösen im schizophrenen Erleben, Neumünster [2]2002, 182.

ner Einschätzung, eher menschlicher (Größen)phantasie entspringen. Andererseits bin ich im seelsorgerlichen Zuspruch auch mutiger und zupackender geworden. Kranke, vor allem psychisch kranke, Menschen neigen zu quälender Selbstanklage, und ihre Seele trägt häufig Spuren von Einengung und Verurteilung durch andere Menschen. Als entlastend kann es erlebt werden, wenn sie in der Lage sind, ihre Klage Gott selbst entgegenzuschleudern. Sie brauchen aber auch befreiende Worte, die sie innerlich erreichen, und begleitende Zeichen, wie z.B. die Segnung oder Salbung, welche sie auch auf der körperlichen Ebene ansprechen. Zur performativen Rede machen mir u.a. die Psalmbeter Mut: Gott wird dich herausholen, aus dem Tal der Schwermut, aus dem Reich des Todes. Er wird auch dein Klagen verwandeln! (nach Psalm 30)

Ich fasse zusammen:
Die vollmundige Überzeugung, auf der Seite Gottes zu stehen, braucht die kritische Überprüfung und den Zweifel. Der Zweifel braucht die Gewissheit, dass Gott auch da ist, wo mein Gefühl nicht hinreicht und meine Möglichkeiten erschöpft sind. Die schützende Geborgenheit bei Gott braucht die Auseinandersetzung mit der Gottferne.

Erhard Blum

Von Gott reden, zu Gott reden

Aspekte im Alten Testament

Aus dem Bereich der Klinikseelsorge hat Pfarrerin Straßner eindrückliche Beispiele individuellen Redens *zu* Gott vorgestellt, in denen sich sowohl Erfahrungen der Geborgenheit und Hoffnung als auch des Erleidens bedrückender und destruktiver Gottesbilder artikulieren.
Als Exeget möchte ich dem zwei Beispiele aus dem Alten Testament zur Seite stellen. Das erste Beispiel ist eher als ein Komplement gedacht, insofern es dabei um Rede *von* Gott in einem öffentlichen, ja politischen Kontext geht. Das zweite Beispiel, ein individuelles Psalmlied, kann als Paradigma für die *Verbindung* von Gebet und theologischer Rede im Alten Testament dienen.

I Aspekte der »Rede von Gott« im Alten Testament

Gemessen an dem geläufigen christlichen Verständnis von Theologie könnte das Alte Testament als ein Buch »ohne Theologie« erscheinen: »Theologie« – das ist üblicherweise begrifflich reflektierende, diskursiv und argumentativ entfaltete Rede. Dergleichen finden wir weder in der alttestamentlichen Prosaliteratur noch in den Prophetenbüchern. Immerhin könnte man an den weisheitlichen Prediger, Kohelet, erinnern, der sich – gleichsam am Rande des hebräischen Kanons – an die Form der hellenistischen Diatribe anlehnt.[1] Gerade der Prediger bleibt freilich, auch wenn es um die Rede von Gott geht, unbeirrt bei seiner Skepsis (3,10–11):

Ich sah das Geschäft, das Gott den Menschen aufgegeben hat,
dass sie sich damit plagen.
Alles hat er zu seiner Zeit schön gemacht.
Auch die Ewigkeit hat er in ihr Herz gegeben,
ohne dass der Mensch das Werk, das Gott gemacht hat, begreifen könnte – von Anfang bis Ende.

Diskursive Argumentation findet sich daneben auch in weisheitlichen Psalmen wie Ps 37 oder 49 und in den Dialogen zwischen Hiob und

1 Vgl. *Schwienhorst-Schönberger*, Kohelet.

seinen Freunden. Die Psalmen in ihrer großen Mehrheit sind jedoch Gebetstexte,[2] also »Rede *zu* Gott«, und die Hiobdichtung bleibt Teil der Hiob*erzählung*. Kurzum: Theologische Lehrtexte nach Art des Römerbriefs oder des Hebräerbriefs oder gar patristischer Schriften kennt die alttestamentliche Überlieferung nicht. Unbeschadet dessen ist sie voll (impliziter) Theologie, ohne den Gedanken einer theologischen Systematik zu kennen – vergleichbar ihren Erzählungen, die voll Geschichte sind, ohne das Konzept der Historizität zu kennen.[3] Gerhard von Rad hat aus solchen Befunden bekanntlich die Folgerung gezogen, »die legitimste Form theologischen Redens vom Alten Testament (sei) … immer noch die Nacherzählung«.[4] Allerdings blieben auch ihm die Grenzen dieses Zugangs nicht verborgen; sie treten spätestens bei der Prophetie und den Psalmen zutage.

Gleichwohl haben alttestamentliche Erzählungen, Prophetenworte und Psalmlieder etwas, was sie verbindet: Sie sind entweder auf konkrete geschichtliche und lebensweltliche Zusammenhänge hin formuliert oder – wie die Mehrzahl der Psalmen – Angebote für Aneignung oder Meditation in individuellen lebensgeschichtlichen Situationen.

Es lohnte sich, der Bedeutung dieser konkreten Pragmatik der Rede von Gott im Alten Testament in verschiedenen Richtungen ›nach‹-zudenken. In diesem Rahmen muss ich mich auf einen Aspekt, anhand *eines* Beispiels beschränken:

Zu den großen Traditionen Israels gehört die Zionstradition oder – wie man heute gern sagt – die Jerusalemer Tempeltheologie. Sie wird in zahlreichen Texten vorausgesetzt, aber in keinem systematisch entfaltet, weshalb die (notwendige) Zusammenschau immer auch tentativ bleibt.[5] Im Zentrum steht die heilvolle Gegenwart des Königsgottes JHWH Zebaot auf dem Zion, in dessen Schutz die Gemeinschaft und der Einzelne sich bergen können und an dessen Gnaden- und Segensfülle sie teilhaben dürfen.

Der »Zionspsalm« 46 beispielsweise stellt in der ersten Strophe (V. 2–4) mit dem Motiv des Chaoswassers die schöpfungstheologische Dimension heraus und besingt in der zweiten Strophe (V. 5–8) die Gottesstadt, in deren Mitte Gott ist, die ihre Freude hat an paradiesischen Wasserläufen und die von der Bewahrung vor feindlichen Bedrohungen erzählen kann.[6]

2 Zu notwendigen Differenzierungen s. *A. Wagner*, Sprechen zu Gott.

3 Vgl. dazu *E. Blum*, Historiographie.

4 *G. von Rad*, Theologie I, 134f.

5 Immer noch lesenswert ist die Darstellung in *O.H. Steck*, Friedensvorstellungen. Für den Bereich des Psalters vgl. des weiteren *H. Spieckermann*, Heilsgegenwart.

6 Die dritte Strophe (V. 9–12) profiliert schließlich die universale Perspektive des Psalms mit der Einladung an die Völkerwelt, die Königsherrschaft Gottes zu erkennen und ihre Aggressionen aufzugeben. V. 10 (eine jüngere Fortschreibung?)

Der Jerusalemer Prophet Jesaja steht ebenfalls in dieser Tradition, wie nicht zuletzt seine große Tempelvision in Jes 6 zeigt. Zugleich diagnostiziert Jesaja aber in Jerusalem eine Führungsschicht, die Recht und Gerechtigkeit korrumpiert (z.B. 1,21–26), die außenpolitisch in hybrider Selbstüberschätzung agiert (z.B. 28,14–15; 30,1ff.) und bei all dem das prophetische Wort verachtet (5,18–19. 24; 30,9.12). So erwartet er, dass der »Heilige Israels« selbst zum Stolperstein für »die beiden Häuser Israels« (Nordreich und Südreich) werden (8,14–15) und alles Hohe in Jerusalem fällen wird, um aus dem abgehauenen Stamm Isais einen Neuanfang erwachsen zu lassen (10,33–11,5).
Ähnlich, eher noch härter urteilt der Landjudäer Micha, der die Zionsgewissheit der Oberschicht geradezu mit Worten von Ps 46,6 zu zitieren scheint: »Auf JHWH stützen sie sich, indem sie sagen: ›JHWH ist doch in unserer Mitte! Über uns wird kein Unheil kommen!‹« (Mi 3,11b). Dagegen stellt Micha: »Euretwegen wird der Zion zu einem Acker umgepflügt werden … und der Tempelberg wird zu Waldeshöhen« (3,12).
Ungeachtet dieser prophetischen Kritik scheint man in Juda jedoch überwiegend eine fraglose Orientierung an der affirmativ in Anspruch genommenen Zionstradition vorgezogen zu haben. In diesem Sinne wurde insbesondere die Verschonung der Hauptstadt durch den Assyrerkönig Sanherib im Jahre 701 v.Chr. als Erweis des göttlichen Schutzes für die Stadt gefeiert.[7] Ja, als die Truppen des Babyloniers Nebukadnezar gut hundert Jahre später Jerusalem belagerten und der Prophet Jeremia im Namen JHWHs zur Kapitulation und zu einer Unterwerfung unter die Babylonier aufrief, stützten sich antibabylonische Kreise am Hof offenbar auf die Erzählung von der Bewahrung Jerusalems vor Sanherib in 2Kön *18–19,[8] in der paradoxerweise Jesaja als Kronzeuge ihrer Position aufgeboten wird. Jeremia selbst wurde verhaftet und entkam nur knapp den lebensbedrohlichen Anschlägen (Jer 37–38).
In theologischer und historischer Retrospektive hat sich das Verständnis der kritischen Propheten als tragfähiger erwiesen. Unbeschadet dessen behielten aber auch die konträr anders ausgerichteten Hiskia-Jesaja-Erzählungen in 2Kön 18–20 ihren Platz im Kanon.
Der hier nur angedeutete Umgang mit der Zionstradition kann in mancher Hinsicht als eine Problemanzeige für menschliches »Reden von Gott« dienen. Auch theologisch Grundlegendes kann, so scheint es, in bestimmten Zusammenhängen fragwürdig werden. Für sich genommen richtige Aussagen erweisen sich kontextuell als das falsche Wort.

setzt mit dem Bild vom Ende aller Kriege dies in einen deutlich eschatologischen Horizont.

7 Vgl. die kritische Spiegelung in Jes 22,1–14.

8 Siehe *C. Hardmeier*, Prophetie.

Mitunter hängt die Bedeutung eines Wortes daran, *wer* es ausspricht. Niemand dürfte dies genauer wissen als Seelsorger.
Oder, so mag man räsonieren, lag das Problem der alttestamentlichen Propheten und Lehrer in der Beanspruchung von Theo-logie für politische Fragen? Nach den »Gott-mit-uns«-Predigten im Ersten Weltkrieg und nach dem, was danach kam, haben wir in Deutschland unsere Erfahrungen mit den Abgründen missbräuchlicher Rede von Gott, mit seiner ideologischen Instrumentalisierung. Könnte also ein Kennzeichen »sachgemäßer« theologischer Rede gerade die Zurückhaltung in tagespolitischen und gesellschaftlichen Angelegenheiten sein, sozusagen eine Besinnung und Konzentration auf einen diese Weltläufte transzendierenden »Kern« der christlichen Botschaft?
Mit dem Alten Testament, meine ich, wäre ein solches Programm allerdings nicht vereinbar, es sei denn, man interpretierte es allegorisch oder symbolisch. Und selbst wenn man dies wollte, blieben dann nicht immer noch die Situationen, in denen Schweigen nicht weniger politisch ist als Reden?
Dazu möchte ich an einen Casus aus Württemberg erinnern, der zumindest innerhalb der hiesigen Landeskirche nicht unbekannt sein dürfte:[9]
Im Jahr 1938 fiel der Bußtag auf den 16. November, in die Woche, die der Pogromnacht am 9. November folgte. Als Predigttext war ein Wort des Propheten Jeremia vorgegeben: »O Land, Land, Land, höre des Herrn Wort!« (22,29). Ob der aufwühlenden Ereignisse warteten wohl nicht wenige Pfarrer auf eine Hilfestellung von Seiten der Kirchenleitung. Diese blieb aus, ebenso ein orientierendes Wort oder eine Predigt des Landesbischofs.
Zumindest ein Pfarrer, Julius von Jan in Oberlenningen (Schwäbische Alb), hielt seiner Gemeinde eine Bußtagpredigt, die das Jeremiawort ernst nahm. Nachdem er es zunächst mit deutlichen Pointierungen in den Kontext Jerusalems zur Zeit Jeremias gestellt hatte, fuhr er fort:
»O Land, liebes Heimatland, höre des Herrn Wort! In diesen Tagen geht durch unser Land ein Fragen: … Wo ist der Mann, der im Namen Gottes und der Gerechtigkeit ruft, wie Jeremia gerufen hat: Haltet Recht und Gerechtigkeit, errettet den Beraubten von des Frevlers Hand! Schindet nicht die Fremdlinge, Waisen und Witwen und tut niemand Gewalt und vergießt nicht unschuldig Blut!
Gott hat uns solche Männer gesandt! Sie sind heute entweder im Konzentrationslager oder mundtot gemacht. Die aber, die in der Fürsten Häuser kommen und dort noch heilige Handlungen vollziehen können, sind Lügenprediger wie die nationalen Schwärmer zu Jeremias Zeiten und können nur Heil und Sieg rufen, aber nicht des Herrn Wort verkündigen …

[9] Die folgende Darstellung stützt sich auf die Dokumentationen in *Th. Dipper*, Kirchengemeinschaft, 262–271, und *H. Metzger*, Kristallnacht, 41–53.

Wenn nun die einen schweigen *müssen* und die anderen nicht reden *wollen*, dann haben wir heute wahrlich allen Grund, einen Bußtag zu halten, *einen Tag der Trauer* über unsre und des Volkes Sünden.« Seine überaus eindrücklich und klarsichtig weitergeführte Predigt von Schuld, Gericht und Buße schloss Pfarrer von Jan mit einem mutigen Wort: »Wenn wir heute mit unsrem Volk in der Buße vor Gott gestanden sind, so ist dies Bekennen der Schuld, von der man nicht sprechen zu dürfen glaubte, wenigstens für mich heute gewesen wie das Abwerfen einer großen Last. Gott Lob! Es ist herausgesprochen vor Gott und in Gottes Namen. Nun mag die Welt mit uns tun, was sie will. Wir stehen in unseres Herren Hand. Gott ist treu! Du aber, o Land, Land, Land höre des Herrn Wort!«[10]
Wenige Tage später wurde Pfarrer von Jan von einem SA-Mob in äußerster Brutalität zusammengeschlagen und ins Gefängnis geworfen. Nach dem Bericht von Theodor Dipper löste die Predigt in der württembergischen Pfarrerschaft geradezu einen Schock aus: Durfte, musste man in dieser Situation so von Gott und im Namen Gottes reden?
Mich beschäftigt am meisten die Reaktion der Kirchenleitung in einem Erlass an die Dekanatämter drei Wochen danach. In ernsthaftem Ringen wird darin nach Maßstäben für eine Predigt gefragt, mit der die Kirche ihrem Auftrag unter den gegebenen Verhältnissen gerecht wird. Dann heißt es, jeder Prediger müsse sich prüfen, ob »[seine Ausführungen und Gebete] eine Darbietung des eigentlichen Evangeliums, wonach auch heute die Gemeinde verlangt, … zum Ziel haben. So sehr der Fehler zu vermeiden ist, dass das Evangelium in einer Weise verkündigt wird, ›als ob nichts geschehen wäre‹, dass es also ganz unbezogen auf die Gegenwart bleibt, so sehr ist auch der andere Fehler zu vermeiden, dass statt der Verkündigung des Evangeliums mit seinem tiefsten seelenrettenden Inhalt in der ganz bestimmten konkreten Situation der Zuhörer die Predigt belastet wird mit politischen und kirchenpolitischen … Ausführungen.«[11]
Ohne in der Sache ein Urteil zu haben, könnte ich mir denken, dass dieses Schreiben in seiner theologischen Ernsthaftigkeit nicht hinter dem zurückstand, was in den meisten anderen Landeskirchen verlautbart wurde. In dem Insistieren auf einer Verkündigung des »eigentlichen Evangeliums« ist es zudem ›theologisch korrekt‹! Und doch wird damit das in dieser Situation Notwendige verfehlt. – Will man nicht unterstellen, dass es für die Kirche einen genuinen Verkündigungsauftrag außerhalb des Evangeliums geben könnte, dann bleibt nur die Folgerung, dass dem Erlass theologisch ein defizitäres Verständnis eben dieses »Evangeliums« zugrunde lag. Mit ganz anderer Begrifflichkeit, aber in einem sachlich analogen Sinne haben letztlich auch Jesaja und Jeremia ihren Widersachern hinsichtlich der ›Zionstradition‹ geantwortet.

[10] Die vollständige Predigt ist zitiert in *Dipper*, Bekenntnisgemeinschaft, 263–265.
[11] Zitiert nach *Dipper*, a.a.O., 267.

II Rede zu und von Gott im Gebet – das Beispiel von Psalm 30

Das Gebet als *Anrede* an Gott hat, so scheint es, ein elementares *Prae* vor der lehrhaften theologischen Rede: Entlastet von der Behauptung einer Aussage *über* Gott ist seine Glaubwürdigkeit zuvörderst an der Aufrichtigkeit zu messen, mit der sich der Beter selbst in das Gebet einbringt. Er sucht ein Gespräch, eine Kommunikation. Personale Kommunikation ist offen. Sie kann einerseits Veränderungen, einen Wandel anstoßen, auch auf der eigenen Seite. Sie lässt andererseits Zuspitzungen, Überzeichnungen, ja Maßlosigkeit zu, solange das Gegenüber hört und sich nicht abwendet. Die Beter der Klagepsalmen mit ihren heftigen Gottesklagen, Jeremia in den Vorwürfen und dem maßlosen Schmerz der Konfessionen von Jer 20 oder Hiob in der enthemmten Verwünschung des Tages seiner Geburt (Hi 3) – sie alle fallen am Ende aus ihrer Gottesbeziehung nicht heraus. – Gibt es hier Grenzen? Oder anders formuliert: Kann sich nicht auch hier die Wahrheitsfrage stellen – sowohl aufseiten der Realität der Beter als auch des vorausgesetzten Gottesbildes? – Ich meine, nicht nur einzelne der von Pfarrerin Straßner vorgestellten Gebete von Kranken nötigen zur Frage nach den Maßstäben, sondern bereits die Sachlogik einer jeden ›Rede zu Gott‹. Das dichte Danklied Psalm 30 mag hierfür als Paradigma dienen.[12]

Psalm 30
1 Ein Psalm. Tempelweihlied. Von David.

2 Erheben will ich dich, JHWH, denn du zogst mich heraus
und machtest meine Feinde nicht froh über mich.
3 JHWH, mein Gott!
Ich schrie zu dir und du heiltest mich.
4 JHWH, du führtest meine *nepeš*[13] [= mich] herauf aus der *Scheol.*
Du ließest mich aufleben aus ›denen‹, die in die Grube ›hinabsteigen[14]‹.

5 Spielt JHWH auf, ihr, seine Getreuen
und preist sein heiliges Angedenken!

[12] Zum Folgenden vgl. die Auslegungen von *C. Hardmeier*, Theo-logie, (insbes. zu den Zeit- und Kommunikationsebenen des Psalms) und *B. Janowski*, Konfliktgespräche, 267–284. Für eine anregende Deutung des Psalms in Kontexten der Seelsorge s. *B. Weber*, Kasus der Wiederherstellung.

[13] Eine adäquate Wiedergabe von *nepeš* ist notorisch schwierig. Das Wort kann für »Lebenskraft, Vitalität, Person, Selbst« stehen und ggf. mit dem entsprechenden Personalpronomen übersetzt werden.

[14] Diese Übersetzung folgt dem Konsonantentext (*K^{e}tiv*). Nach der Vokalisation (*Q^{e}re*) wäre zu lesen: »aus meinem Abstieg in die Grube«.

6 Denn einen Augenblick in seinem Zorn – ein Leben in seiner Gunst.
Am Abend nächtigt Weinen, aber zum Morgen herrscht Jubel!

7 Ich aber hatte gedacht in meiner Sorglosigkeit:
Nicht werde ich wanken – niemals (le-'olam)!
8 JHWH, in deiner Gunst hattest du meiner ›Hoheit‹[15] ein Bollwerk aufgestellt.
Als du (aber) dein Angesicht verbargst, war ich entsetzt.

9 Zu dir, JHWH, rief ich (immer wieder)[16]
Und zu (meinem) HErrn flehte ich um Gnade:
10 *Was ist der Gewinn an meinem Blut, wenn ich in die Grube hinabfahre?*
Preist dich denn der Staub? Kündet er deine Treue?
11 *Höre, JHWH, und sei mir gnädig!*
JHWH, werde mir zum Helfer!

12 Du hast meine Totenklage für mich in Tanz gewandelt!
Du hast meinen Trauersack geöffnet und mich mit Freude gegürtet,
13 auf dass dir aufspiele (meine) Herrlichkeit (*kabod*) und nicht verstumme.
JHWH, mein Gott, in Ewigkeit (*le-'olam*) will ich dich preisen!

Das erste Wort *'arômimka* (»erheben will ich dich«) eröffnet den Toda-Psalm mit einer feierlichen Selbstaufforderung zum Lob, das letzte, gleichfalls im Kohortativ Singular, lässt ihn ausklingen mit *'ôdekka*, also mit dem Verb *hôda*, das gleichermaßen »loben«, »danken« und »bekennen« bedeutet. Verstärkt wird diese Inclusio durch die Anrede Gottes mit seinem Eigennamen (*»JHWH«*), der in der ersten Strophe alle drei poetischen Verse eröffnet und im dritten und im letzten Kolon des Psalms zu dem persönlichen »JHWH, mein Gott« geweitet wird. Innerhalb dieser Klammer entfaltet sich das Lied in fünf Strophen, die sich – thematisch und durch Querbezüge angezeigt – gleichsam in

15 MT: »Du hast meinem Berg (*l^ehar^eri*) einen Schutzwall aufgestellt« setzt wie die (sek. erweiterte) Überschrift in V. 1 (Bezug auf die Tempelweihe!) eine kollektive Deutung des Psalms auf Israel/Jerusalem voraus. Die Lesung der LXX: τω καλλει μου scheint ein *l^eh^adari* vorauszusetzen. Die sachliche Korrespondenz mit *kabod* in V. 13 und die Verbindung der beiden Begriffe *kabod* und *hadar* in der Beschreibung der herrscherlichen Hoheit des Menschen in Ps 8,6 deuten darauf hin, dass die LXX hier die ältere Textgestalt bezeugt.

16 Die beiden Imperfekt-Formen (PK) in V. 9 sind am ehesten als Iterative zu erklären. Zu erwägen wäre noch, dass das *Zitat* der Klage nicht erst in V. 10, sondern schon in V. 9 einsetzt (»Zu dir, JHWH, rufe ich ...«). In diesem Falle sollte man jedoch eine deutlichere Lesehilfe in V. 8 erwarten.

Ringen um die dritte Strophe lagern, die so etwas wie die reflexive Mitte des Dankliedes darstellt.

Dabei könnten die Verse 2–6 schon für sich allein ein Toda-Lied darstellen. Der Anfang: »Ich will dich erheben, JHWH! Ja, du zogst mich heraus!«, der das Gotteslob nicht etwa ankündigt, sondern gleichsam in performativer Rede vollzieht, tut dies in der sprachlichen Struktur des Hymnus (vgl. dazu das Mirjamlied in Ex 15,21!). Anders als im Hymnus der *Gemeinde* geschieht im Toda-Psalm die inhaltliche Füllung des Lobes jedoch in einer *Ich-Erzählung*, die gleichsam in einer umkehrenden Spiegelung die überwundene Situation der Not und den Klageruf des Beters evoziert (V. 2–4): Es sind die charakteristischen Ausrichtungen auf Gott, auf die Feinde (die nicht als letzte lachen durften) und das Ich des Beters selbst. In der Mitte (V. 3) steht das als flehender Klageruf vertraute »JHWH, mein Gott«, hier freilich als jubelnder Ausdruck der glückhaft erlebten Gottesbeziehung. Die rahmenden Teile von V. 2 und 4 wiederum nehmen die der Anschauung der Gräber entsprechende *Raum*metaphorik auf, die den Bereich des Todes der Welt der Lebenden polar gegenüberstellt, freilich mit dem entscheidenden Richtungswechsel und poetisch dadurch verdichtet, dass das erste »du zogst mich herauf« (*dillitani*) mit seiner hebräischen Assoziation an den Schöpf-Eimer (*d^{e}li*) sein abrundendes Echo in den Aussagen zur Zisterne/Grube (*bôr*) in V. 4 findet.

Das Danklied ist jedoch kein Privatgebet, sondern als Teil der *Toda*-Feier[17] essentiell auf Öffentlichkeit ausgerichtet: Die Geladenen sind Hörer und Zeugen, und sie werden mit den hymnischen Aufrufen in V. 5 in das Gotteslob hineingezogen. Diese öffentliche Inszenierung der Dankerzählung, verbunden mit einer Mahlfeier ist – wie gern und zweifellos zutreffend gesagt wird – Vollzug und Ausdruck einer Reintegration des Genesenen/Geretteten in seine Gemeinschaft. Zugleich geht es aber um ein konstitutives Element dieser gottesdienstlichen Kommunikation als solcher: Im Aufruf zum Lob an die Gemeinde manifestiert sich die Transzendierung der erzählten individuellen Erfahrung in eine allgemeinere ›Rede von Gott‹!

Dieser Prozess erscheint schon deshalb grundlegend, weil *jedes* Gebet ein Gottesbild antizipiert, ein Bild, das sich nur dann als tragfähig erweist, wenn es auf Erfahrung beruht, die die Lebensgeschichte des Einzelnen übergreift. Es ist also für die Erzählgemeinschaft konstitutiv, dass der Beter sie an seiner Rettung aus dem Tod teilhaben lässt – und umgekehrt stützte sich schon sein erinnertes Bittgebet auf das Glaubenswissen, das auch ihm als Teil dieser Erzählgemeinschaft vorgegeben war. – Insofern ist »Erzählen« in der Tat wohl eine Grund-

[17] Vgl. dazu neben der in Anm. 12 genannten Literatur die grundlegenden Darstellungen in *H. Gunkel (/ J. Begrich)*, Einleitung § 7; *H. Gese*, Herkunft, 117–122.

form religiöser Rede, ob sie nun lebensgeschichtlich ausgerichtet ist wie in den Psalmen oder »heilsgeschichtlich«, wenn die Gemeinschaft Israel sozusagen von sich selbst erzählt.
In Vers 6 verdichtet sich die überindividuelle Erfahrung nun aber zu einer geradezu lehrhaften Aussage, deren sprachliche Prägnanz in der Übersetzung nicht einzuholen ist: רגע באפו חיים ברצונו: »einen Augenblick (sind wir) in seinem Zorn – ein Leben lang (sind wir) in seiner/m Annahme/Wohlgefallen«. Die Oppositionen ›Abwendung und Zuwendung Gottes‹ sowie ›Weinen und Jubel des Menschen‹ werden also polaren *Zeit*kategorien zugeordnet: Augenblick versus Lebenszeit; Abend versus Morgen. Eine ganz ähnliche Gegenüberstellung in Jes 54, gerichtet an das kinderlose Jerusalem, bringt den gleichen Gedanken zum Ausdruck: Das Erbarmen, die Liebe Gottes überwältigt seinen Zorn![18]

Einen kleinen Augenblick habe ich dich verlassen,
doch mit großem Erbarmen werde ich dich sammeln.
Im aufwallenden Zorn verbarg ich
einen Augenblick mein Angesicht vor dir.
Doch in ewiger Güte (hesed 'olam) habe ich mich deiner erbarmt,
spricht JHWH, dein Erlöser.
(Jes 54,7–8)

Mit der mittleren Strophe (V. 7–8) setzt die Erzählung des Beters noch einmal an, nun aber – dies ist durchaus ungewöhnlich – mit einem Rückblick in eine tiefere Vergangenheitsebene, nicht nur vor der Hilfe, sondern auch vor seiner Not und Klage: »Ich aber hatte gedacht, als ich sorglos war: ›Nicht werde ich wanken – niemals (*le-'olam*)!‹«
Die hebräische Wurzel *moṭ*, mit der das »ich werde nicht wanken« formuliert ist, steht vor allem in den Psalmen – gleichermaßen in kosmologischen wie in elementar-menschlichen Kontexten – für die ›chaotische‹ Erschütterung von Schöpfung und Leben. Deren Negation/Aufhebung (»nicht wankt …«) wird dabei immer als eine gestiftete, gewährte Sicherheit ausgesagt. Mehr noch, die ›Selbst-beanspruchung‹ dieser Sicherheit wird in Ps 10 als ein Kennzeichen des Frevlers genannt, der sich aus der Gottesbeziehung gelöst hat: »Er (sc. der Frevler) dachte in seinem Herzen: ›Ich werde nicht wanken – immerdar!‹« (V. 6). Auch in Ps 30,7 geht es um eine Sorglosigkeit/Sicherheit dieser Art, die durchaus *nicht* aus einem »Eingedenk-Sein *Gottes*« gemäß V. 5 lebt, wie vor allem das *le-'olam* in betonter Endstellung anzeigt.
Was wäre das Gegenbild? – Die Spur des *le-'olam* führt die Leser in die letzte Zeile des Psalms: »für immer (*le-'olam*) will ich dich preisen«. Hier ist *le-'olam* auf JHWH und sein Lob ausgerichtet, also ge-

[18] Zur Thematik s. *J. Jeremias*, Zorn, 22. 41f.

rade nicht Ausdruck einer die eigene Endlichkeit verdrängenden Gottvergessenheit. Sachlich vermittelt wird dieser Wandel über die Erinnerung der notvollen Erfahrung eben dieser Endlichkeit in der Verborgenheit Gottes. Dazu zitiert der Psalmist in V. 10–11 wörtlich seine damalige Klage mit der Sinnfrage aus der Perspektive Gottes in Gestalt des auch in Ps 6 und 88 wiederkehrenden sog. *argumentum ad Deum*. In Ps 30,10 wird dieses Argument aber zugleich zu einer Art *argumentum ad hominem*, insofern das Verstummen des Lobpreises im Staub kontextuell in eine reflektierte Beziehung gesetzt wird zur Rede von dem *hadar*, der »Hoheit/Pracht«, des Menschen im Schutzraum JHWHs in V. 8 und von seinem *kabod*, seiner Herrlichkeit, in der preisenden Existenz vor Gott in V. 13.[19]

Mit diesen Begriffen ist das Bild des »königlichen Menschen« evoziert, das im Psalter und darüber hinaus wohlbekannt ist. Während aber in den Zentraltexten Gen 1,26–28 und Ps 8 der ›royale‹ Rang des Menschen vor allem im Gegenüber zu den Mitgeschöpfen bestimmt wird, ist er hier in Ps 30,13 in einen Zusammenhang mit dem Lob Gottes gestellt! Eine überraschende Entsprechung hierzu findet sich in der wohl gewichtigsten Liedkomposition von Klage und Dank im Alten Testament, in Ps 22. Mehr noch, gerade in ihrer jeweils ganz verschiedenen Profilierung, bieten sich die jeweiligen/beiden Psalmzusammenhänge als wechselseitige ›Lesehilfe‹ an:

Nach den klagenden Rufen von Ps 22,2–3 (*'eli 'eli …*), spricht der Beter seinen Gott als den Königsgott an: »Du bist heilig, der du thronst über den Lobgesängen (*t^ehillot*) Israels«. Nimmt man diese kühne Metapher ›beim Wort‹, so erscheinen die Loblieder Israels, die als Antwort auf JHWHs Heilstaten gesungen werden, geradezu als Fundament des himmlischen Thrones und damit als ein Element der Doxa Gottes. Dieser Gedanke könnte wohl zu gewagten theologischen Denkspielen verleiten, würde ihm nicht in 22,26, im Dankteil des Psalms, ein Bekenntnis gegenüber gestellt: »Von dir her kommt mein Lobgesang (*t^ehillati*) in großer Gemeinde.« So hat das Gotteslob des Einzelnen und des Gottesvolks nach Psalm 22 Anteil an der Doxa Gottes – und ist doch nichts als Gabe!

Lesen wir von daher Psalm 30, so erscheint der erste Gedanken gleichsam indirekt in dem *argumentum ad Deum* von V. 10. Den zweiten Gedanken bringt das Danklied als ganzes zum Ausdruck, gegenüber Psalm 22 freilich in einer besonderen Zuspitzung (V. 12–13): Das Gotteslob wird zum Ziel und zur Vollendung der eigenen Existenz.

19 Der Bezug zu V. 8 ist vor allem über die kontrastive Semantik von »Hoheit/Pracht« bzw. »Staub« gegeben. Noch dichter ist die Verbindung mit dem jubelnden Finale von V. 13 geknüpft: »auf dass (der kabôd) … nicht verstumme« nimmt unverkennbar die rhetorische Frage in V. 10b auf, und deren einleitendes Verb (*ha-jôdekha* – »preist dich …?«) schließt im Kohortativ (*'ôdekka*) V. 13, und damit den Psalm, ab.

Jedes Gebet hat seine Zeit. Dies gilt auch für Psalm 30, jedenfalls dann, wenn er als Gebetslied im strengen Sinne gesprochen wird. Als theologischer Text gelesen, artikuliert sich in Psalm 30 nicht nur der Dank des Beters für die Rettung aus dem Tod, sondern diese Rettung wird in der rückblickend nach-denkenden Erzählung zu einem Widerfahrnis, das die Augen öffnet für einen verstehenden Blick auf die eigene Existenz – *als geschenktes Leben*. Möglich wird dies in der Rückbindung individueller Erfahrung an gemeinschaftlich tradiertes und theologisch reflektiertes Erfahrungswissen. Eben darin bewährt sich das Danklied als ein Paradigma für Reden zu und von Gott und für dessen Maßstäbe.

Literatur

Blum, E., Historiographie oder Dichtung? Zur Eigenart alttestamentlicher Geschichtsüberlieferung, in: *E. Blum u.a.* (Hg.), Das Alte Testament – ein Geschichtsbuch? (atm 10), Münster 2005, 65–86

Dipper, Th., Die Evangelische Bekenntnisgemeinschaft in Württemberg 1933–1945. Ein Beitrag zur Geschichte des Kirchenkampfes im Dritten Reich (Arbeiten zur Geschichte des Kirchenkampfes 17), Göttingen 1966

Gese, H., Die Herkunft des Herrenmahls, in: *ders.*, Zur biblischen Theologie. Alttestamentliche Vorträge, Tübingen 1983, 107–127

Gunkel, H. (/Begrich, J.), Einleitung in die Psalmen. Die Gattungen der religiösen Lyrik Israels (HKAT), Göttingen 1933

Hardmeier, C., Prophetie im Streit vor dem Untergang Judas. Erzählkommunikative Studien zur Entstehungssituation der Jesaja- und Jeremiaerzählungen in II Reg 18 – 20 und Jer 37 – 40 (BZAW 187), Berlin / New York 1990

– Systematische Elemente der Theo-logie in der Hebräischen Bibel. Das Loben Gottes – ein Kristallisationsmoment biblischer Theo-logie, in: *I. Baldermann u.a.* (Hg.), Religionsgeschichte Israels oder Theologie des Alten Testaments? (JBTh 10), Neukirchen-Vluyn 1995, 111–127

Janowski, B., Konfliktgespräche mit Gott. Eine Anthropologie der Psalmen, Neukirchen-Vluyn 2003

Jeremias, J., Der Zorn Gottes im Alten Testament. Das biblische Israel zwischen Verwerfung und Erwählung (BThSt 104), Neukirchen-Vluyn 2009

Metzger, H., Kristallnacht. Dokumente von gestern zum Gedenken heute (Calwer Paperback), Stuttgart 1978

von Rad, G., Theologie des Alten Testaments I, München 1969, 6. Aufl.

Schwienhorst-Schönberger, L., Kohelet (HThK.AT), Freiburg u.a. 2004

Spieckermann, H., Heilsgegenwart. Eine Theologie der Psalmen (FRLANT 148), Göttingen 1989

Steck, O.H., Friedensvorstellungen im alten Jerusalem. Psalmen – Jesaja – Deuterojesaja (ThSt 111), Zürich 1972

Wagner, A., Sprechen zu Gott – Sprechen über Gott. Die Psalmen zwischen Gebet und lehrhaft-bekenntnishafter Aussage, aufgezeigt am Sprechrichtungswechsel (2./3. Pers.) im Psalter, in: *ders.*, Beten und Bekennen. Über Psalmen, Neukirchen-Vluyn 2008, 3–19

Weber, B., Psalm 30 als Paradigma für einen heutigen »Kasus der Wiederherstellung«. Überlegungen zu einer Schnittstelle zwischen Altem Testament und kirchlichem Handeln im Blick auf eine Theologie und Praxis der Dankbarkeit, JETh 21 (2007), 31–50

Sabine Großhennig

»Vielfältig« von Gott reden

Beispiele aus dem Alltag einer Gemeindepfarrerin

Als Gemeindepfarrerin stellt sich mir die Aufgabe, von Gott zu reden, oder besser gesagt: die Aufgabe hinsichtlich des Redens von und zu Gott, sprach- und gesprächsfähig zu sein auf vielen unterschiedlichen Gesprächsebenen. Ein Schwerpunkt liegt dabei auf dem Gottesdienst und der Predigt. Dabei umfassen auch sie schon unterschiedliche Anlässe und Sprachformen: Da ist der »normale« Sonntagsgottesdienst mit einer Predigt als Auslegung eines vorgegebenen Predigttextes und den vorgesehenen, ausgewählten oder selbst formulierten Gebeten sowie den ausgewählten Gesangbuchliedern, die jeweils schon auf ihre eigene Weise von und zu Gott reden. Da ist außerdem eine Vielzahl von Gottesdiensten, oft aus besonderen Anlässen und mit oder ohne Team, bei denen Gebete, Predigt und Musik eine andere »Klangfarbe« haben und wir die Predigttexte i.d.R. selbst zum Thema passend auswählen: Thomasmesse und Kantatengottesdienste, Ökumenische Gottesdienste zum Schwörtag, zu Vereins- oder anderen Jubiläen, Gottesdienste im Grünen, Konfirmations-, Goldene Konfirmations-, Jugend-, Konfi 3-, Kindergarten- oder Altenheimgottesdienste, thematische Abendkirchen, Weltgebetstags- oder Familiengottesdienste, Taizé-, Schul- und auch mal Hochschulgottesdienste, außerdem Werktags-, Kirchengemeinderats-, Radio- oder Zeitungsandachten oder -besinnungen, Taufgottesdienste und natürlich Bestattungsgottesdienste, bei denen es in besonderer Weise darauf ankommt, den dem Anlass und den Beteiligten angemessenen Ton des Redens von und mit Gott zu treffen – in den selbst formulierten Texten ebenso wie in den ausgewählten Bibelversen, Gebeten und, sofern möglich und gewünscht, Liedern.
Dazu kommen weitere Schwerpunkte unseres Berufsalltags, bei denen wir als Pfarrerinnen und Pfarrer hinsichtlich des Redens von und zu Gott gesprächsfähig sein müssen und wollen: die Bildungsarbeit – Schule, Konfirmandenunterricht, Erwachsenenbildung von Bibel- und Themenabenden über Glaubenskurse zu Tagungen – natürlich Seelsorgegespräche, Gespräche vor und nach Bestattungsgottesdiensten, Tauf- und Konfirmandenelterngespräche, die zwischen religiöser Bildung und Seelsorge, Glaubensgespräch und praktischen Informationen wechseln. Dazu kommen die einen oder anderen Gespräche »bei Gelegenheit«: Wenn ein Kind mich nach dem Unterricht fragt: »Was hat

eigentlich der Gott gemacht, bevor er die Welt gemacht hat?« oder eine Chorsängerin mich an der Supermarktkasse anspricht: »Sie haben neulich beim Taufgottesdienst aus unserer Bachkantate zitiert ›Ich habe dich bei deinem Namen gerufen, du bist mein‹ und gesagt, dass Gott dieses Kind heute als sein Kind beim Namen ruft. Sind nicht sowieso alle Kinder von Anfang an Gottes Kinder?« Wenn ein schwer erkrankter Mann mich auf der Straße trifft und sagt: »Ich kann immer noch nicht verstehen, warum Gott mich so straft!«, eine Touristin nach der Kirchenführung sagt, dass sie diese abschreckenden Götter da draußen (sie meinte die Wasserspeier) nicht gut findet oder wir, wie neulich in der Kneipe, fast schon im Gehen mit dem (griechisch-orthodoxen) Wirt noch die Frage diskutieren, ob Jesus eigentlich schon immer Gottes Sohn war oder, wenn nicht, seit wann dann.
Und immer »sollen wir als Theologen von Gott reden … und können doch als Menschen nicht von Gott reden« – beim Predigen und beim Beten, in der Kirche, in der Schule, bei Besuchen und »bei Gelegenheit«. Daran hat sich seit Barths Zeiten nichts geändert. Auch nicht so sehr viel, scheint mir, an den Inhalten der Fragen nach Gott. Aber etwas hat sich doch geändert, schon in der Zeit, die ich beruflich überblicken kann. Dazu einige Beispiele: Wenn ich während meines Vikariats Grundschulkindern biblische Geschichten erzählt habe, musste ich damit umgehen lernen, dass gut die Hälfte gleich rief »Die kenn ich!« Heute erlebe ich das bei höchstens einem Viertel der Kinder in einer Klasse. Und die anderen beschweren sich: »Immer hörst du auf, wenn es am spannendsten ist!«, weil sie wirklich nicht wissen, wie die Josefsgeschichte ausgeht. Wenn ich früher im Konfirmandenunterricht die Jugendlichen gefragt habe, ob sie eigentlich manchmal oder gar regelmäßig beten, dann haben nur die aus den bekannt frommen Familien genickt und ihre Gebetszeiten genannt. Die anderen haben möglichst unauffällig geschaut – nicht unbedingt, weil sie nicht gebetet haben, aber weil sie fanden, das sei Privatsache und gehe niemanden etwas an. Heute nicken mehr Jungen als Mädchen, weil sie öffentliche Gesten des Gebets vom Fußball her kennen. »Klar bete ich, vor jedem Wettkampf, das gibt Kraft!« hat mal ein Konfirmand gesagt, der in seiner Freizeit Ringer war. Und die anderen Jungen haben beeindruckt und verständnisvoll genickt. Als wir in einer früheren Gemeinde beim Konfi 3-Gottesdienst aus Rücksicht auf die z.T. wenig bis gar nicht kirchlichen Eltern erst die Kinder alleine zum Abendmahl nach vorne geholt haben und dann erst, sofern sie wollten, die Eltern, hörte man auf einmal eine Kinderstimme: »Papa, weißt du, wie das geht, oder soll ich dir das zeigen?« Und der Vater hat mir dann zugeflüstert, dass er sich da wirklich nicht so genau auskennt, weil er zuletzt bei der Konfirmation beim Abendmahl war. (Er blieb aber zum Abendmahl, als ich zurückgeflüstert habe, es sei nicht so schwer.)

Ich denke, es ist relativ offensichtlich: Die Situation ist komplexer geworden.

Es gibt weniger religiöse Sozialisation im Elternhaus, aber ich beobachte auch weniger Abwehrhaltungen oder Auseinandersetzungen aufgrund schwieriger, womöglich bedrückender Erfahrungen in der eigenen religiösen Sozialisation. Mir begegnen mehr Jugendliche (und Erwachsene), die einerseits beklagenswert wenig religiöses Grundwissen, andererseits eine große Offenheit für religiöse Fragen mitbringen und kirchliche Räume (im wörtlichen und im übertragenen Sinn) gerade deshalb als interessant empfinden, weil ihre Eltern sich dort nicht aufhalten. Nicht religiöse oder kirchenferne Eltern schicken dennoch ihre (nicht getauften) Kinder in den Religionsunterricht, die Kinderkirche, Jungschar oder Konfi 3, damit wir die religiöse Sozialisation an ihrer Stelle übernehmen. Sie fühlen sich selbst nicht in der Lage, über Glaubensfragen zu sprechen, finden es aber wichtig, dass jemand das mit ihren Kindern tut. Und manche setzen sich wegen ihrer Kinder erneut mit der Frage nach Gott auseinander, die sie längst beiseite gelegt hatten. Sie sind dann auch nicht bös, wenn man ihnen noch mal erklärt oder zeigt, wie und worum es geht beim Abendmahl oder beim Beten oder so – nur sollte es eben bei passender Gelegenheit sein und möglichst auch kompakt. Es sei denn, sie finden Gleichgesinnte und gehen in einen Glaubenskurs. Andere wieder stellen »bei Gelegenheit« durchaus selbstbewusst Fragen oder bringen etwas ins Gespräch, das sie zu religiösen Fragen – auch aus anderen Religionen – im Fernsehen gesehen und mit jemandem diskutiert haben. Nur die Antworten oder besser: das Gespräch mit ihnen sollte nicht zu viel christliche religiöse Bildung (manchmal auch bei ansonsten sehr gebildeten Menschen) voraussetzen. Und natürlich gibt es immer noch viele Familien, die selbst mit ihren Kindern über Gott sprechen und mit ihnen beten.

Die Gottesdienstzahlen und -formen sind in den letzten Jahren deutlich größer, aber damit auch ausdifferenzierter geworden mit je eigenen liturgischen Formen, zu denen auch die Art, von Gott und mit Gott zu reden, jeweils »passen« muss. Und im »normalen« Sonntagvormittagsgottesdienst sitzt da eine – übrigens häufig gar nicht so kleine – Schar von Menschen mit sehr unterschiedlichen Voraussetzungen: Da sind einige, die sich bereits im Hauskreis intensiv auf den Predigttext des heutigen Sonntags vorbereitet haben, neben anderen, die gar nicht wissen, dass es so was gibt, aber die Atmosphäre in der Kirche irgendwie besonders finden. Daneben Tauffamilien, die schon untereinander unterschiedliche religiöse Voraussetzungen mitbringen: von der früheren Kinderkirchmitarbeiterin, der Patin, über den Vater, der eigentlich schon aus der Kirche austreten wollte, einen Großvater, der auch Lektor bzw. Prädikant ist, bis zur Freundin der Mutter, aus der katholischen Kirche ausgetreten, die, wenn nicht als Patin, doch wenigstens als Taufzeugin unbedingt dabei sein wollte. Und die Mutter, die nie getauft wurde, aber im Religionsunterricht war, lässt sich nun mit ihrem Kind gemeinsam taufen. Dann sind da ein paar Touristen, die die Kirche besichtigen wollten und irgendwie geblieben sind, und andere, etwa die Hälfte, ganz regelmäßige Gottesdienstbesucher (aus dieser oder anderen Gemeinden), die gerade mit allerhand Lebensfragen beschäftigt sind, die sie die Frage nach Gott immer wieder ein wenig anders stellen und beantworten lässt.

Und all diesen unterschiedlichen Menschen sollen und wollen wir in unserem gottesdienstlichen und »gelegentlichen« Reden von Gott und zu Gott etwas sagen. Ich finde das sehr spannend und schön, auch wenn es eine Herausforderung ist und bleibt, das angemessen (1, s.S. 36) zu tun. Es macht Freude, z.B. über das Gleichnis vom verlorenen Schaf so zu sprechen, dass seine eigene vielschichtige Rede von Gott erkennbar wird und Menschen unterschiedlicher religiöser Bildung und unterschiedlichen Alters sich darin mit ihren Fragen und Hoffnungen wieder erkennen. Kinder, die sich schnell mit dem verirrten Schaf identifizieren, weil sie wissen, wie das ist, wenn man erst noch ganz zuversichtlich unterwegs war und sich dann auf einmal allein und klein vorkommt. Und dass es gut ist zu wissen, dass da einer ist, der nach einem schaut, damit man nicht verloren geht. »Du, der Gott ist eigentlich nett«, hat mal ganz versonnen ein Kind gesagt, als ich das Gleichnis in der Schule erzählt und gesagt habe, dass Jesus sich immer besonders um die gekümmert hat, die vom Weg abgekommen sind oder sonst Hilfe gebraucht haben. Oder andere, Jugendliche oder Erwachsene, die sich schon öfter gefragt haben, ab die Rede vom »lieben Gott« nicht doch arg verharmlosend ist, und feststellen, dass die »Pharisäer und Schriftgelehrten« so ähnlich auch gefragt haben und Jesus diese Frage ganz ernsthaft mit ihnen diskutiert, dass es eigentlich genau darum geht, usw. Es macht Freude, finde ich, zu entdecken, welchen Reichtum an Nachdenken über Gott biblische Texte enthalten, und sie unterschiedlichen Menschen so zu zeigen, dass sie sich mit ihren eigenen Fragen und Erfahrungen darin wiederentdecken können, dass sie darin getröstet oder auch irritiert werden und vielleicht neue Antworten und neue Fragen finden. Aber es ist auch eine anspruchsvolle Aufgabe, die nicht einfacher wird in der wachsenden Komplexität der Gottesdienste, Gemeinden, unterschiedlicher religiöser Bildung, Fragestellungen usw. – bei gleichzeitig wachsendem Anspruch, dass für jeden Anlass und Gesprächspartner passend und verständlich, schnell aber nicht vorschnell, elementar und doch nicht zu schlicht die richtige Sprache von und mit Gott zu sprechen gefunden wird. (Ich will auch nicht übertreiben. Ich habe auch schon z.B. dieselbe Predigt in mehreren unterschiedlichen Gottesdienstformen gehalten; sie war nur unterschiedlich aufgeteilt, und die »Farbe« der Musik und der Gebete war unterschiedlich. Und: Es gibt ja, Gott sei Dank, außer mir auch noch andere Kolleginnen und Kollegen, die z.B. sehr viel besser als ich bestimmte

Gruppen ansprechen können. Trotzdem denke ich, die beschriebene Aufgabe wird eher mehr als weniger anspruchsvoll.)
Welche Unterstützung brauchen wir dabei durch die wissenschaftliche Theologie?
Zunächst die, die wir im Studium bekommen haben (sollten) und weiterhin brauchen: die Möglichkeit, Freiheit und Anleitung, in gründlicher exegetischer Ausbildung über das Verstehen der Entstehungs-, Überlieferungs-, Traditionsgeschichte samt den darin enthaltenen theologischen Themen den vielschichtigen Reichtum biblischer Texte zu entdecken und dies mit anderen gemeinsam immer wieder zu üben und zu diskutieren, und zwar auch im Hinblick auf eigene Gottesfragen und Erfahrungen. Nur was ich selbst so entdeckt habe, kann ich auch selbst sagen, bei anderen entdecken und anderen zeigen, ohne auf bestimmte Sprachmuster festgelegt oder angewiesen zu sein. Allerdings war zu meiner Studienzeit dieses In-Bezug-Setzen von den Erfahrungen mit und Fragen an Gott in den biblischen Texten mit den eigenen, mit existentiellen und heutigen gesellschaftlichen Fragestellungen weitgehend uns selbst oder dann der praktischen Theologie überlassen. Ich denke, dass es schon in die biblischen Fächer (und die Kirchengeschichte) gehört. Aber vielleicht hat sich das ja schon geändert?
Weil wir uns im Berufsalltag nicht so viel Zeit nehmen können, brauchen wir auch gut aufgearbeitete und gut erreichbare exegetisch-theologische Literatur (die es ja gibt, aber vielleicht noch nicht immer digital zugänglich) und Fortbildungen sowie relativ leicht lesbare, aber »intelligente« Taschenbücher, Themenhefte, Artikel im Internet, Sachfilme, die man guten Gewissens an »Laien« weiterempfehlen kann (auch dies gibt es ja).
Und wir brauchen – aber da müssen wir PfarrerInnen uns »an die eigene Nase packen« – die Weiterentwicklung unseres theologischen Nachdenkens und Entdeckens biblischer Texte und Themen über die unmittelbare Verwendbarkeit hinaus. Dazu dient, denke ich, auch dieser Tag.

(1) Unter »angemessen« verstehe ich – vielen Dank für die Nachfrage während des Studientages! – in diesem Zusammenhang ein Reden von Gott, das (mindestens) einen Aspekt der in sich reichhaltigen biblischen Rede von Gott so zur Sprache bringt, dass meine Gesprächspartner ihn auf dem Hintergrund ihrer Situation, ihrer Erfahrung, ihres Alters und ihres Wissens so erfassen können, dass er bei ihnen Resonanz finden (und möglichst auch wieder eigenes Forschen und Fragen anregen) kann. Am Beispiel des Gleichnisses Lk 15,1–7 habe ich kurz angedeutet, wie das im Einzelnen aussehen kann. Dazu ist es natürlich notwendig, selbst (zuvor oder im Gespräch) das innerbiblische Gespräch über ein angemessenes Reden von und zu Gott mit seinen unterschiedlichen Aspekten wahrzunehmen. Im Blick auf das genannte Gleichnis ist da etwa die Zusage der Barmherzigkeit Gottes, die das Verlorene sucht und findet, aber auch die Anfrage der »Pharisäer und Schriftgelehrten«, die bezweifelt, dass es angemessen ist, so von Gott zu reden, dass dabei seine Barmherzigkeit derart bedingungslos in den Vordergrund gestellt wird. Da ist die »steile« Einstiegsfrage Jesu (»Wer von euch würde nicht …«), die genau

diese Anfrage provoziert und durch das indirekte Zitat von Ez 34 beantwortet. Da ist die Einladung, an der Freude Gottes – und damit am Reich Gottes – Anteil zu nehmen, und die (lukanische) Mahnung, der göttlichen Barmherzigkeit durch menschliche Barmherzigkeit zu antworten. In Einzelgesprächen, Kasualgottesdiensten, in der Schule etc. kommt es mir dann vor allem darauf an, den (oder die) jeweils der Situation und den Gesprächspartnern angemessenen Aspekt(e) hervorzuheben. Im (Sonntags-)Gottesdienst und der Predigt bemühe ich mich mehr, den Reichtum des (biblischen) Redens von und zu Gott deutlich werden zu lassen – zumal ja im Gottesdienst Lesungen und Gebete, Lieder und andere Musik dabei ihre eigenen Akzente setzen und ins »Gespräch« einbringen. (Am 3. So n.Tr. mit dem Evangelium Lk 15,1–10 ist schön nachzuverfolgen, welche Aspekte dabei die unterschiedlichen Predigttexte, Wochenlieder und Wochenspruch betonen.)

Hermann Lichtenberger

Von Gott reden, zu Gott reden

Aspekte im Neuen Testament

»Wir sollen als Theologen von Gott reden. Wir sind aber Menschen und können als solche nicht von Gott reden. Wir sollen Beides, unser Sollen und unser Nicht-Können wissen und eben damit Gott die Ehre geben. Das ist unsere Bedrängnis. Alles Andere ist daneben Kinderspiel.«[1]

Barth verbindet unsere Unmöglichkeit, von Gott zu reden, mit der Notwendigkeit, zu Gott zu reden. Dabei stellt sich die Frage, was eher ist: das von-Gott-Reden oder das zu-Gott-Reden. Ich will diese Frage noch nicht beantworten, vielleicht kann der heutige Tag darauf eine Antwort geben. Ich beginne mit dem zu-Gott-Reden.

I Das Gebet

Voraussetzung und Grundlage für das Beten im Neuen Testament ist das Beten Israels, wie es uns im Alten Testament und den frühjüdischen Psalmen und der jüdischen Gebetspraxis begegnet.[2] Dabei ist auf der einen Seite auf die Rolle der Psalmgebete im Tempelgottesdienst zu verweisen, zum andern auf die Gebete in den Synagogen. Bezeichnenderweise heißen in Ägypten die Synagogen – es gibt auch einen Beleg für Rom und in Philippi (Apg 16,13) – προσευχαί, Gebets(stätten). Welche Bedeutung das Psalmengebet im Frühjudentum hatte, mag eine Zahl illustrieren: Über die 150 Psalmen des biblischen Psalters und weitere zahlreiche Psalmen der biblischen und frühjüdischen Überlieferung hinaus (wie das »Nun danket alle Gott« in Sirach 51 oder das Qaddish) sind uns in den Funden aus Qumran mehr als 200 weitere Psalmen erhalten. Die Qumranfunde bieten uns also mehr bisher unbekannte Psalmen, als wir aus der alttestamentlich-jüdischen Überlieferung bis dahin kannten. Dies wirft ein wichtiges Licht auf das Judentum als eines Glaubens des Gebets.

1 *Barth*, Wort Gottes, 158. Siehe auch *Bultmann*, Sinn, 26–37, der freilich einen ganz anderen Zugang hat: Einerseits muss gelten, dass »Gott das ganz Andere« (29) ist, anderseits konstatiert Bultmann von seinem anthropologischen Ansatz her: »will man von Gott reden, so muß man offenbar von sich selbst reden« (28).

2 Siehe *Wick*, Gottesdienste.

Für das Neue Testament ist zunächst von unabdingbarer Bedeutung das Beten Jesu.

1. Das Beten Jesu und das Beten der Jüngerinnen und Jünger

a) Die Gebetsunterweisungen Jesu

Die Evangelien berichten häufig vom Beten Jesu, sei es, dass er sich zum Gebet zurückzieht an einen einsamen Ort oder auf einen Berg (Mk 1,35; 6,46par; Lk 4,42; 5,16), sei es, dass er in Gegenwart seiner Jünger betet (Lk 11,1). Für das LkEv ist der betende Jesus charakteristisch: bei der Taufe (Lk 3,21), vor der Einsetzung der Zwölf (Lk 6,12), vor dem Petrusbekenntnis (9,18) und vor der Verklärung (18,28f). Vor allem gibt das Beispiel des betenden Herrn nach LkEv den Anlass zur Bitte um das Vater-Gebet.

(1) Vaterunser[3]
Nach Mt 6,9–13 lehrt Jesus das Vaterunser im Zusammenhang mit Gebetsunterweisung 6,5–13, wo dem »Plappern« der Heiden und dem »Viele-Worte-Machen« beim Gebet ein kurzes Gebet, das Vaterunser entgegengestellt wird. Im LkEv ist es der betende Jesus, der die Jünger sagen lässt: »Herr, lehre uns beten, wie auch Johannes seine Jünger lehrte« (11,1).

Es folgen direkt danach weitere Gebetsanleitungen, wie in 11,5–8 der bittende Freund, 11,9–13 »bittet, so wird euch gegeben«. Gebetsunterweisung des lukanischen Sondergutes sind insbesondere die Beispielerzählungen von der bittenden Witwe (18,1–8) und vom Pharisäer und Zöllner (18,9–14). Das LkEv ist gewissermaßen das Evangelium des Gebets, gleich an seinem Anfang stehen die Gebetslieder:
Magnificat 1,46–55; Benedictus 1,68–79; Gloria in excelsis 2,14 und Nunc dimittis 2,29–32, ein dichtes Gewebe der Gebetssprache der Psalmen.[4]

b) Wörtlich mitgeteilte Gebete Jesu

(1) Das Vaterunser (Mt 6,9–13 / Lk 11,2–4)[5]
(2) Ein Dankgebet Jesu »Ich preise dich, Vater, Herr des Himmels und der Erde, dass du dies vor den Weisen und Klugen verborgen hast und hast es den Unmündigen offenbart! Ja, Vater, so war es Wohlgefallen vor dir« (Mt 11,25f).
(3) Das Gebet in Gethsemane Mk 14,32–42[6]

3 Siehe zuletzt *Lohse*, Vaterunser; *ders.*, Vater unser.
4 Siehe *Mittmann-Richert*, Magnifikat.
5 Siehe oben.
6 *Feldmeier*, Krisis.

Bei Markus (14,36) findet sich die Gebetsanrede ἀββα ὁ πατήρ, bei Matthäus (26,39) πάτερ μου, bei Lukas (22,42) wie im lukanischen Vaterunser (11,2) πάτερ.
Wichtig bei Matthäus ist 26,42: γενηθήτω τὸ θέλημά σου (vgl. Hebr 5,7: »Er hat in den Tagen seines Fleisches unter heftigen Schreien und unter Tränen Bitten und Flehen vor den gebracht, der ihn vom Tode retten konnte, und aufgrund seiner Gottesfurcht wurde er erhört«), das explizit die dritte Bitte aufnimmt, die allein im matthäischen Vaterunser genannt ist: γενηθήτω τὸ θέλημά σου. Dem markinischen (14,36) und matthäischen (26,39) »aber nicht mein, sondern dein Wille geschehe«[7] fügt das LkEv ausdrücklich hinzu, dass Jesus durch einen Engel gestärkt worden sei (Lk 22,43).
(4) Das Gebet am Kreuz
Nach Mk/ Mt stirbt Jesus mit den Worten aus Ps 22, 2 »Mein Gott, mein Gott, warum (oder besser: wozu?) hast du mich verlassen«?
Auch nach dem LkEv betet Jesus ein Psalmwort: Ps 31,6 »Vater, in deine Hände befehle ich meinen Geist.«
Zuvor hatte er Fürbitte für seine Mörder eingelegt: »Vater, vergib ihnen, denn sie wissen nicht, was sie tun« (Lk 23,34a).
(5) Jesu Beten im Johannesevangelium
Auch das JohEv übermittelt neben dem großen Hohepriesterlichen Gebet (Joh 17,1–26) eine Reihe kürzerer Gebete, wie in 11,41f (vor Lazarus' Herausrufen: πάτερ, εὐχαριστῶ σοι ὅτι ἤκουσάς μου) und 12,27f (»Jetzt ist meine Seele betrübt ..., Vater ...«).

c) Indirekt mitgeteilte Gebete

Die Evangelien wissen von Jesu Beten, auch dann, wenn sie den Wortlaut nicht mitteilen:
An erster Stelle sind dabei zu nennen:
Lk 22,31 »Simon, Simon, ich habe für dich gebetet, dass dein Glaube nicht aufhöre.« Konkrete Vorstellungen darüber, was Jesus gebetet hat, kann man sich an einigen Stellen machen: Mk 8,6 Jesus betet (genauer: spricht Segen) vor dem Mahl (Speisung) der 4000 εὐλογεῖν – εὐχαριστεῖν. Ähnlich beim Mahl Mk 14,22–25 (parr), Mk 14,26 ὑμήσαντες ist sicher das Hallel (Ps 113–118). Wir finden Jesus in der Synagoge (z.B. Lk 4,16–30) und im Tempel (z.B. Lk 2,41–50; Joh 10,22), wo selbstverständlich gebetet wurde. Aber auch sein Beten in der Einsamkeit ist fest bezeugt (z.B. Mk 1,35; 6,46; Lk 5,16; 6,12; 9,18.28f).[8] Bei aller Einordnung des Betens Jesu in den allgemeinen jüdischen Brauch muss es etwas Auffälliges an Jesu Beten gegeben

7 Im griechischen Wortlaut leicht variiert.
8 Nach *Jeremias*, Theologie, 183f hat sich »eine feste Überlieferung über dieses Beten Jesu in der Einsamkeit erhalten.«

haben, denn sein Segensspruch über dem Brot und das Austeilen wird für die Emmausjünger zum Erkennungsmerkmal (Lk 24,30f).
Neben den direkt oder indirekt mitgeteilten Gebeten Jesu finden sich auch Gebetsaufforderungen Jesu an seine Jüngerinnen und Jünger, wie Mt 9,37f »Bittet den Herrn der Ernte ...« oder die aus der Gethsemaneperikope (Mk 14,32–42parr).

Die Dichte der Gebetsüberlieferung Jesu und seiner Jüngerinnen und Jünger in den Evangelien mag überraschen. Das Gebet zu seinem Vater ist für Jesus Ausdruck seiner tiefen Gottesbeziehung und Stärkung in Anfechtung. Dies gilt auch für das Beten der Jüngerinnen und Jünger. Zwar geschieht das Beten aus der Erhörungsgewissheit heraus, es ist aber auch immer Beten aus der Gefährdung, ja Anfechtung heraus: »Wachet und betet, damit ihr nicht in Anfechtung fallt« (Mk 14,38). Oder im Vaterunser: »Und führe uns nicht in Versuchung, sondern erlöse uns von dem Bösen« (Mt 6,13). Das Gebet Jesu selbst macht die Bedingungen des Gebets klar: »Abba, Vater, alles ist dir möglich: Lass diesen Kelch an mir vorübergehen, aber nicht wie ich will, sondern wie du willst« (Mk 14,36). Jesus gebraucht selbst die kindliche Abba-Anrede an Gott und lässt im Gebet an den Vater im Vaterunser die Jüngerinnen und Jünger daran Anteil haben.

2. Das Gebet bei Paulus[9]

Angesichts des lehrhaften und argumentativen Stils der Paulusbriefe überrascht es, bei Paulus eine ähnliche Dichte von Gebetsaussagen und Gebeten zu finden wie in den Evangelien. Sie werden hier – sicher unvollständig – zusammengestellt.[10]

[9] Übersicht nach *Fenske*, Und wenn ihr betet ..., 269f; vgl. auch *Gebauer*, Gebet.
[10] (1) Zu Beginn der Briefe berichtet Paulus (fast) regelmäßig, »dass er der angeschriebenen Gemeinde in seinen Gebeten gedenkt«. Röm 1,8–10, aber auch schon 1Thess 1,2, Phil 1,3–11. (2) Beginn des Briefes mit Segens- und Gnadenwunsch, Abschluss mit Gnadenwunsch Röm 1,7, 1Thess 1,1; 5,28. (3) Er fordert die Gemeinde selbst auf, regelmäßig zu beten 1Thess 5,17. (4) Aufforderung an die Gemeinde, mit Dank zu beten Phil 4,6. (5) Einmütiges Lob Röm 15,6. (6) Fordert die Gemeinde auf, für sein Wirken zu beten 1Thess 5,25, Röm 15,30–33: »... dass ihr mir kämpfen helft durch eure Gebete für mich zu Gott, damit ich errettet werde von den Ungläubigen in Judäa«. (7) Paulus betet für Israel Röm 10,1. (8) Ziel seines Wirkens ist, dass die Menschen Gott danken 2Kor 1,11: »Dazu helft auch ihr durch euer Gebet (δέησις) für uns, damit unseretwegen für die Gabe (χάρισμα), die uns gegeben ist, durch viele Personen Dank dargebracht wird (εὐχαριστηθῇ).« (9) Paulus dankt bei Mahlzeiten Röm 14,6. (10) Verfallenheit des Menschen besteht darin, Gott nicht die Ehre zu geben Röm 1,18.21.25. (11) Paulus »konnte in Zungen beten«, »betont aber Beten und Danken mit Verstand« 1Kor 12–14, 1Kor 14,14: »Denn wenn ich in Zungen bete, so betet mein Geist, aber was ich im Sinn habe, bleibt ohne Frucht. 14,16 Wenn du Gott lobst im Geist, wie soll der, der als Unkundiger dabeisteht, das Amen sagen, da er doch nicht weiß, was du sagst?

Wir wollen nur einige Besonderheiten herausgreifen:

(a) Die enge Verbindung von Klage und Dank in Röm 7,24f: »Ich elender Mensch, wer wird mich aus diesem Todesleib erretten? Dank aber sei Gott durch Jesus Christus unsern Herrn!«
(b) Die Abba-Anrede im Gebet des Paulus ἀββα ὁ πατήρ (Röm 8,15): πνεῦμα υἱοθεσίας ἐν ᾧ κράζομεν· ἀββα ὁ πατήρ. Gal 4,6: »Da ihr Kinder seid, sandte Gott das Pneuma seines Sohnes in unsere Herzen, der ruft: ἀββα ὁ πατήρ. Der Geist selbst ruft in uns, der Geist, der zu Kindern gemacht hat.«[11]

Gerade Paulus belegt, dass diese Abba-Anrede eine Besonderheit darstellt, die auf Jesus zurückgeht.
(c) Auch im paulinischen Beten findet sich eine Entsprechung zu Jesu Gebet in Gethsemane (»aber nicht wie ich will, sondern wie du willst« Mk 14,36) in 2Kor 12,9:
»(7) Darum, dass ich mich nicht überhebe (ὑπεραίρωμαι), wurde mir ein Pfahl im Fleisch gegeben, ein Satansengel, dass er mich (mit Fäusten) quält (κολαφίζῃ), damit ich mich nicht überhebe.
(8) Deswegen habe ich dreimal den Herrn angerufen (τὸν κύριον παρεκάλεσα), damit er von mir ablasse.
(9) Und er sagte zu mir: Meine Gnade reicht für dich aus (= du brauchst nichts weiter als meine Gnade), denn die Kraft wird in der Schwachheit vollendet.«[12]
Auffällig ist, dass Paulus davon in Zusammenhang mit der Entrückung vor 14 Jahren (2Kor 12,1–5) berichtet.

(d) Schlussüberlegungen

Dies konnte nur ein unvollkommener Einblick sein.
Auch das frühe Christentum ist eine Glaubensweise des Gebetes. Wir wiesen oben auf die Bezeichnung der Synagogen als Proseuchai = προσευχή (Gebet) hin. Das frühe Christentum teilt mit dem Judentum das (fast) ausschließliche Gebet an den einen Gott; das trennt Judentum und Christentum von paganer Gebetspraxis, in der entweder mehrere Götter oder der eine Gott / die eine Göttin unter vielen Götternamen angerufen werden können (Beispiel Isis).

14,17 Dein Dankgebet mag schön sein, aber der andere wird dadurch nicht erbaut.« (12) Adressat der Gebete ist Gott, Ausnahme: 2Kor 12,8 τὸν κύριον = Christus (in Anlehnung an *Fenske*, Und wenn ihr betet ..., 269f).

[11] Vgl. Röm 8,26: »Der Geist hilft unserer Schwachheit auf; denn was wir beten sollen, wie es sich gebührt, wissen wir nicht, sondern der Geist selbst tritt für uns ein mit unaussprechlichen Seufzern.«

[12] Siehe dazu *Heckel*, Kraft.

Fragen bleiben offen:
Hat Paulus, haben die paulinischen Gemeinden das Vaterunser gekannt? Sie kannten die Anrufung αββα, aber auch das Vatergebet?
Urchristlich verbreitet ist das *Marana tha* »Unser Herr, komm!« Dafür ist nicht nur Paulus in 1Kor 16,22 ein wichtiger Zeuge, auch die Didache 10,6 und in griechischer Übersetzung ApkJoh 22,20.

Der urchristliche Liederschatz (Phil 2,6–11; 1Kor 13; Kol 1,15–20; Eph 5,14; 1Tim 3,16; 2Tim 1,9–10; Tit 3,4–7; 1Petr 2,21–25; Hebr 1,3–4; u.a. und insbesondere die Lieder in der JohApk) belegen eine reiche dichterische Produktivität der frühchristlichen Gemeinden; siehe auch in den Mahlgebeten der Didache (Did 10). Kol 3,16 kann dafür repräsentativ sein:
»Das Wort Christi wohne reichlich unter euch, die ihr in aller Weisheit einander belehrt und ermahnt und mit Psalmen, Hymnen, geistlichen Gesängen in der Gnade Gottes singt in euren Herzen.«[13]

Wir wollen hier aber noch auf einen andern Gesichtspunkt aufmerksam machen, der das öffentliche Gebet betrifft, sei es im Gottesdienst, sei es im alltäglichen Leben. In seiner Gebetsunterweisung nach der Bergpredigt kritisiert Jesus nicht das öffentliche Beten allgemein, sondern jenes, das der Selbstdarstellung dient. Hier wird eine Grundversuchung des religiösen Menschen angesprochen, seine Frömmigkeit, wenn auch in subtilster Form, der Selbstdarstellung dienen zu lassen. Wenn das Gebet anderen Zwecken als dem Beten und Reden zu Gott dient, ist es kein Gebet. Darin sind auch die subtilsten Formen des Gebetsmissbrauchs eingeschlossen. »Gebet als Glaubensdemonstration, Gebet als verkleidete Predigt, Gebet als Instrument der Erbauung ist heller Unfug, ist kein Gebet. Gebet ist kein Gebet, wenn man dabei einem Anderen als Gott etwas sagen will« (K. Barth, KD III/4,96).[14]

3. Das Gebet zu Jesus

Nur an drei Stellen[15] können wir im Neuen Testament ein Gebet zu Jesus explizit finden; zwei davon sind Gebetsrufe. Den Übergang mögen die Bitten zu Gott »im Namen Jesu« oder »durch Jesus« bilden.
Ältester Beleg ist zweifelsohne das aramäische *Marana tha* »Unser Herr, komm«, vgl. ApkJoh 22,20. Dieser Gebetsruf gehört nach 1Kor

13 Übersetzung nach *Luz*, Kolosser, 227.
14 Zitiert von *Luz*, Matthäus, 426.
15 Zu den Gebeten zu bzw. an Jesus im strengen Sinne sind nicht zu rechnen die Bitten an den »historischen« Jesus, wie sie in den Evangelien häufig begegnen, z.B. für das MtEv Mt 8,25; 9,18.27; 14,28; 15,22; (16,1); 16,22; 17,14; (19,25; 20,21); 20,30f.33; 21,9; 21,15;27,11; obgleich sie im nachösterlichen Evangelium z.T. bereits Gebetscharakter haben (z.B. Mt 8,25).

16,22 und Didache 10,6 in die Herrenmahlsliturgie. In Apg 7,59f bittet Stephanus »Herr, nimm meinen Geist auf« und »Herr, rechne ihnen diese Sünde nicht zu.« Dies ist in Analogie zu Jesus, nun aber nicht gerichtet an Gott, sondern an den erhöhten Herrn. Und schließlich ist von Paulus zu nennen, dass er wegen des »Stachels im Fleisch« den »Herrn dreimal angefleht« (2Kor 7–10) habe. Dass der erhöhte Christus der Adressat des Gebets ist, ergibt sich aus dem Zusammenhang.

II Das Bekenntnis

Während das Gebet sich allein Gott (oder Christus) zuwendet, hat das Bekenntnis eine doppelte Funktion: Es ist Bekenntnis zu dem einen Gott und Herrn, aber es ist zugleich Bekenntnis, Zeugnis vor den Menschen. Im hebräischen *yadah hif* als Bezeugen und Verkündigen sind diese beiden Aspekte enthalten. Im Griechischen ist es das Bekennen (*exhomologeisthai*) und das Bezeugen (*martyrein*). Ein solches Bekenntnis ist das *Sch^e^ma Jisrael*, aber ebenso im profanen Bereich – jedoch im Neuen Testament berichtet – das zweistündige Skandieren von »Groß ist die Artemis der Epheser« (Apg 19,28.34).

Das öffentliche Bekenntnis wird im Neuen Testament oft in seiner Notwendigkeit herausgestellt. Jesu Bekenntnis vor dem Synhedrion (Mk 14,62ff), das Bekenntnis der Apostel (Apg 4,12) und die Notwendigkeit nach 1Petr 3,15, »jederzeit bereit zu sein zur Verantwortung vor jedem, der Rechenschaft fordert für die Hoffnung, die in euch ist«, zeigen die Bedeutung des öffentlichen Bekenntnisses an. Zurück geht dies zweifelsohne auf die Jesusüberlieferung: »Wer mich bekennt vor den Menschen, den will ich auch bekennen vor meinem himmlischen Vater« (Mt 10,32; vgl. ApkJoh 3,5).

Das Bekenntnis zu Christus ist geistgewirkt (1Kor 12,3). Ebenso sind es die Hymnen und Bekenntnisformeln. Sie sind neben ihrer Bedeutung als Bekenntnisse lehrhaft und doxologisch und können auch der Auseinandersetzung mit falschen Lehren dienen.

III Der Gottesdienst

Voraussetzung für den urchristlichen Gottesdienst ist zunächst in einem relativ weiten Sinn der Tempelgottesdienst, direkter aber der Synagogengottesdienst als reiner Wortgottesdienst.[16] Der reine Wortgottesdienst ohne Opfer ist für die Antike eine ungeheuere Revolution, und es verwundert nicht, dass das Urchristentum nach dem ein für allemal geschehenen Opfer Jesu Christi in diese Tradition eintritt. Was

[16] Siehe dazu *Wick*, Gottesdienste.

wir über den Synagogengottesdienst in neutestamentlicher Zeit wissen, deckt sich mit den meist zufälligen Nachrichten aus dem Neuen Testament: Neben der Toralesung gibt es die Prophetenlesung, dazu Auslegung, aber vor allem das gemeinsame Gebet.

Charakteristisch für die frühchristliche Zeit werden – abweichend von den synagogalen Versammlungen – die Treffen in den Häusern (»Hausgemeinden«), wodurch ein ganz spezifischer Typus frühchristlichen Gemeinschafts- und Gottesdienstlebens entsteht. Dabei spielen die Hausmütter und Hausväter (Prisca und Aquila, Röm 16,3; vgl. Apg 18,2) eine besondere Rolle.

Die Begriffe, die im Neuen Testament für »Gottesdienst« begegnen, sind vorwiegend kultisch ausgerichtet: λειτουργεῖν, λειτουργία, λατρεύειν, λατρεία, τηρεσκεία, θυσία, θυσιαστήριον, προσφέρειν, ἀναφέρειν. Lediglich die Begriffe συνέρχεσθαι/συνάγεσθαι zeigen uns ein der Synagoge verwandtes Phänomen auf: Auch wenn sich der urchristliche Gottesdienst kultischer Sprache bedient, so ist er doch ein auf die Gemeinschaft angelegtes Ereignis: der Gemeinschaft mit Christus und der Gemeinschaft untereinander.

Über die urchristlichen Gottesdienste haben wir nur fragmentarische Nachrichten. Soviel aber scheint klar:

- die Versammlung in Häusern (Röm 16,5 u.ö.)
- das Gemeinschaftsmahl, bestehend aus einem Sättigungsmahl und dem Herrenmahl (1Kor 11,17–26; Lk 22,14–20; für das Herrenmahl haben wir neben der vierfachen Bezeugung der Einsetzungsworte im Neuen Testament Ausschlussbestimmungen z.B. in der Didache (9,5) hinzu
- die abendliche Zusammenkunft; diese wird ergänzt durch die frühmorgendliche[17]; eine besondere Rolle spielt der Gottesdienst am »Herrentag« (ApkJoh 1,10)
- das Verlesen der Briefe des Paulus (vgl. 1Thess 5,27, Kol 4,16) und anderer Autoritäten (ApkJoh 1,3)
- das Singen von (traditionellen) Psalmen und eigens gedichteten christlichen Psalmen (Kol 3,16)
- das Bekenntnis[18]
- das Gebet[19]
- die Gebetsanrede »αββα« (Röm 8,15, Gal 4,6) und der Gebetsruf »*Marana tha*«[20]

17 Siehe unten den Text von Plinius.
18 Siehe oben.
19 Siehe oben.
20 Siehe oben.

- Segensformeln, wie sie uns vor allem in den Briefpräskripten begegnen[21]
- die Wortverkündigung: Hier sind wir auf Rückschlüsse aus der Apg und hauptsächlich aus den Paulusbriefen angewiesen
- das freie Wirken des Geistes in der »ersten Generation« (1Kor)
- das Wirken des Geistes in der zweiten Generation (Kol, Eph, Apg)
- das reglementierte Wirken des Geistes in der dritten Generation (Past)

Im Blick auf die gottesdienstliche Versammlung müssen wir noch auf einen wichtigen Gesichtspunkt des frühen Christentums hinweisen: Die gottesdienstlichen Versammlungen stellen eine Art Gegenwelt im Verhältnis zur Außenwelt dar. Das gilt für die – sicher von Lukas idealisierte – Gütergemeinschaft der Jerusalemer Gemeinde, die Analogien im Judentum (Qumran-Essener) und der hellenistisch-römischen Philosophie (z.B. Pythagoräer) hatte, die bei aller Freiwilligkeit doch zwingend ist (Annanias und Saphira!!) und schließlich die wirtschaftliche Existenz der Gemeinde bedrohte[22] (siehe die Sammlung des Paulus für die »Armen«). Das gilt aber noch mehr für die heidenchristlichen Gemeinden der paulinischen Mission in Kleinasien und Griechenland, wo unerhörte gesellschaftliche Modelle entstehen:
Sklavinnen und Sklaven sitzen mit Herrinnen und Herren an einem Tisch beim Gemeinschafts- und Herrenmahl. Unvorstellbar für die durch Geschlecht, Stand, Besitz und Bildung radikal getrennte antike Gesellschaft. Auch in den antiken Vereinen (*collegia*) bleibt man in seinem jeweiligen Stand unter sich. Was hier in der urchristlichen Gottesdienst- und Mahlfeier geschieht, stellt eine absolute Gegenwelt zur antiken hellenistisch-römischen Gesellschaft dar.

Hier ist der älteste heidnische Bericht über einen christlichen Gottesdienst zu zitieren, weil er schlaglichtartig die Besonderheiten des christlichen Gottesdienstes am Anfang des 2. Jahrhunderts (110–112) vor Augen führt. Es handelt sich um den Brief des jüngeren Plinius, der als römischer Statthalter (Legat) in Bithynien an der Schwarzmeerküste sich mit Christenprozessen auseinandersetzen und in ihnen Entscheidungen treffen muss. Er wendet sich an den Kaiser Trajan und bittet um Rat.

21 *Ulrich Heckel*, Segen.

22 Die Kollektensammlung des Paulus hatte eine doppelte Funktion: Einerseits ist sie ein Zeichen der Verbundenheit und Dankbarkeit der heidenchristlichen Gemeinden gegenüber der Jerusalemer, andererseits will sie wirtschaftliche Not in der Jerusalemer Gemeinde abwenden.

Plinius Brief 96, S. 643:

»Andre, die der Denunziant genannt hatte, gaben zunächst zu, Christen zu sein, widerriefen es dann aber; sie seien es zwar gewesen, hätten es dann aber aufgegeben, manche vor drei Jahren, manche vor noch längerer Zeit, hin und wieder sogar vor zwanzig Jahren. Auch diese alle bezeugten Deinem Bilde und den Götterstatuen ihre Verehrung und fluchten Christus. Sie versicherten jedoch, ihre ganze Schuld oder ihr ganzer Irrtum habe darin bestanden, daß sie sich an einem bestimmten Tage vor Sonnenaufgang zu versammeln pflegten, Christus als ihrem Gott einen Wechselgesang zu singen und sich durch Eid nicht etwa zu irgendwelchen Verbrechen zu verpflichten, sondern keinen Diebstahl, Raubüberfall oder Ehebruch zu begehen, ein gegebenes Wort nicht zu brechen, eine angemahnte Schuld nicht abzuleugnen. Hernach seien sie auseinandergegangen und dann wieder zusammengekommen, um Speise zu sich zu nehmen, jedoch gewöhnliche, harmlose Speise, aber das hätten sie nach meinem Edikt, durch das ich gemäß Deinen Instruktionen Hetärien verboten hatte, unterlassen. Für um so notwendiger hielt ich es, von zwei Mägden, sogenannten Diakonissen, unter der Folter ein Geständnis der Wahrheit zu erzwingen. Ich fand nichts andres als einen wüsten, maßlosen Aberglauben.«[23]

Was ergibt sich daraus für das Thema »Von Gott reden – zu Gott reden«?

Zu Gott reden:
– das morgendliche Gebet »*Christo quasi Deo carmen dicere*«
das Bekenntnis zu Christus: unter Folter

Von Gott reden:
– maßloser Aberglaube

Dieser antike Bericht über Christinnen und Christen charakterisiert m.E. in unvergleichlicher Weise, was Reden von Gott und Reden zu Gott ausmacht, durch die Geschichte der Kirche hindurch. Der Vorwurf der »*superstitio*« durch den römischen Beamten und Intellektuellen bezeichnet die Verweigerung gegenüber den staatlichen Göttern und Kulten einschließlich des Kaiserkults. Er begegnet heute in anderem Gewand, aber will auch jetzt den Glauben als durch nichts gedeckte Ideologie in Verruf bringen.

Nur ca. zwei Jahrzehnte früher als der Pliniustext zeigt die JohApk die Bedeutung des Gottesdienstes für die Existenz der Gemeinden und der einzelnen auf. Der gottesdienstliche Charakter begegnet sogleich zu

23 Übersetzung nach *Kasten*, Plinius, 642f.

Beginn in 1,3, der ersten Seligpreisung: »Glückselig der Vorleser und die Hörenden dieser Worte der Prophetie und die halten, was in ihr geschrieben ist, denn die Zeit ist nahe.« (siehe auch 22,7). Der Gottesdienst, in dem die Gemeinde herausgehoben und in Gegensatz zur umgebenden Welt ihre Identität findet, feiert nicht nur eine Gegenwelt zum römischen religiösen und kulturellen Globalisierungsprogramm, sondern übt die Gemeinde zugleich in den Widerstand und die sich daraus ergebenden Folgen ein: dem Lamm zu folgen, wohin es geht (Apk 14,4). Der Gottesdienst ist *identity marker* für die Gemeinde und *boundary marker* nach außen.

IV Gesichtspunkte zum Gespräch

– das Gebet:
»Gebet als Glaubensdemonstration, Gebet als verkleidete Predigt, Gebet als Instrument der Erbauung ist ein heller Unfug, ist kein Gebet. Gebet ist kein Gebet, wenn man dabei einem Anderen als Gott etwas sagen will« (K. Barth, KD III/4,96).

– das Bekenntnis
– Geht es dabei allein um die dogmatische »Richtigkeit«, oder wird das Herrsein Gottes und Christi in und gegenüber der Welt bekannt?

– der Gottesdienst
– Ist der Gottesdienst in der alltäglichen Pfarramtspraxis und im Leben der Gemeinde das Ungewöhnliche oder eher das Alltägliche? Anders gesagt: Stellt der Gottesdienst so etwas wie eine Gegenwelt dar, oder macht er den Alltag eben etwas erträglicher? Urchristlich war der Gottesdienst der frühchristlichen Gemeinden z.B. in Korinth eine wahre Gegenwelt, in der Unvorstellbares möglich war: dass Sklavinnen und Sklaven zusammen mit (ihren) Herrinnen und Herren gemeinsam am Tisch des Herrn saßen, eins in Christus. Sind wir dabei, dies Element unserer Tradition in den Vesperkirchen wiederzuentdecken?
Die eindrücklichen Erfahrungen aus dem pfarramtlichen Alltag, die Frau Großhennig nennt, machen diese Spannung zwischen dem Gottesdienst als Teil der Alltagserfahrung und der Gegenwelt bewusst. Eben aufgrund solcher Erfahrungen kann neutestamentlich-theologische Arbeit sensibilisieren, bereits in den urchristlichen Gemeinden vergleichbare Phänomene zu entdecken und die dort versuchten Lösungen für heutiges christliches Leben fruchtbar zu machen oder ihre geschichtlichen Grenzen aufzuzeigen. Kirchliche und gesellschaftliche Praxis kann sich aber auch an den geradezu utopischen jüdischen und neutestamentlichen Bildern und Erwartungen orientieren, die die Menschen in versöhnter Gemeinschaft schildern. »Utopie« bedeutet »kein/ohne Ort«, nach biblischem Verständnis hat sie einen Ort, nämlich in Gott.

Literatur

Barth, K., Das Wort Gottes als Aufgabe der Theologie, Vortrag am 3. Oktober 1922 in Thüringen, Elgersburg, in: *ders.*, Das Wort Gottes und die Theologie. Gesammelte Vorträge, München 1924, 158
– Die kirchliche Dogmatik III, Die Lehre von der Schöpfung, 4. Teil, Zollikon-Zürich 1951
Bultmann, R., Welchen Sinn hat es, von Gott zu reden?, in: *ders.*, Glauben und Verstehen I, Tübingen ^{5}1964, 26–37
Feldmeier, R., Die Krisis des Gottessohnes. Die Gethsemaneerzählung als Schlüssel der Markuspassion (WUNT 2,21), Tübingen 1987
Fenske, W., Und wenn ihr betet ..., Göttingen 1997, 269f
Gebauer, R., Das Gebet bei Paulus, Gießen 1989
Heckel, U., Kraft in Schwachheit. Untersuchungen zu 2. Kor 10–13 (WUNT 2,56), Tübingen 1993
– Der Segen im Neuen Testament. Begriff, Formeln, Gesten (WUNT 150), Tübingen 2002
Jeremias, J., Neutestamentliche Theologie. Erster Teil: Die Verkündigung Jesu, Gütersloh ^{2}1973
Lohse, E., Das Vaterunser im Licht seiner jüdischen Voraussetzungen, hg. v. *F. Schweitzer*, Tübingen 2008
– Vater unser – Das Gebet der Christen, Darmstadt 2009
Luz, U., Das Evangelium nach Matthäus (Mt 1–7) (EKK I/1), Neukirchen-Vluyn / Zürich ^{5}2002
– in: *J. Becker / U. Luz*, Die Briefe an die Galater, Epheser und Kolosser (NTD 8/1), Göttingen 1998
Mittmann-Richert, U., Magnifikat und Benediktus. Die ältesten Zeugnisse der judenchristlichen Tradition von der Geburt des Messias (WUNT, 2,90), Tübingen 1996
Plinius: Kasten, H. (Hg. Lateinisch-deutsch), C.Plini Caecili Secundi Epistularum Libri Decem – Gaius Plinius Caecilius Secundus Briefe, München ^{3}1976, 642f
Wick, P., Die urchristlichen Gottesdienste. Entstehung und Entwicklung im Rahmen der frühjüdischen Tempel-, Synagogen- und Hausfrömmigkeit (BWANT 150), Stuttgart ^{2}2003

Elisabeth Hege

Von Gott und zu Gott reden – auch im Bereich der »vorletzten Fragen«

Von Gott und zu Gott reden: Wie das im pfarramtlichen Alltag geschieht, beschäftigt mich natürlich auch im Dekanat.

Ich beginne mit einer eher banalen Situation. Es gilt, eine Sitzung, beispielsweise den Kirchenbezirksausschuss, vorzubereiten. Die Tagesordnung ist verschickt; die nötigen Infos beschafft. Ja, und dann noch die Andacht … Also: »Zum Auftakt« oder »zum Abschluss« von Gott reden – womöglich gerade heute mit einem Wort aus der Bergpredigt: »Wo dein Schatz ist, da ist dein Herz.« Und dazwischen folgen dann Themen wie Kirchensteuer-Zuweisung, Stellenkürzungen oder Bauvorhaben.

Natürlich beginne ich nicht jedes Mal mit einem Wort aus der Bergpredigt. Aber ich empfinde fast immer eine Differenz oder gar Diskrepanz zwischen beidem: geistliche Rede hier – äußere Angelegenheiten der Kirchengemeinden und des Kirchenbezirks da. Und der Übergang vom einen Modus des Sprechens zum anderen ist und bleibt oft genug ein waghalsiges Manöver.

Nun mag man einwenden, dann sollten wir doch lieber die Andacht weglassen und ehrlicherweise auf geistliche Verbrämung verzichten. Oder sollen wir im Gegenteil mehr Raum schaffen fürs »Eigentliche«, für theologisches Nachdenken, und die Verwaltungsarbeit auslagern? Oder gilt es, an der Erfahrung dieser Differenz festzuhalten und zu lernen?

Dem möchte ich als erstes nachgehen; also der Frage nach dem Verhältnis zwischen unserem Verwaltungs- und Organisationshandeln und unserem Reden von Gott. Zwei weitere Punkte schließen sich an: Wie nehmen wir Verantwortung und Macht in Leitungsaufgaben wahr? Und wie reden wir von der Kirche? Schließen will ich mit einigen Gedanken zum Gebet im öffentlichen Rahmen.

Kirchliches Verwaltungs- und Organisationshandeln und unser Reden von Gott

Noch einmal zurück zur Andacht im Kirchenbezirksausschuss. Wenn ich meinen Dienst im Ganzen anschaue, gilt ähnliches ja auch für den Gottesdienst am Sonntag und was uns von Montag bis Samstag beschäftigt.

Ein naheliegendes Deutungsmuster dafür wäre die Differenz von Eigentlichem und Uneigentlichem.
»Du hast ja jetzt vor allem mit Verwaltung zu tun …« Das höre ich oft; und dahinter steckt die Vermutung: »… und befasst dich also nicht mehr mit den eigentlichen Aufgaben einer Theologin und Pfarrerin.«

Es gibt aber auch eine zweite Deutungsmöglichkeit, nämlich zu unterscheiden zwischen Letztem und Vorletztem, beides aber auch aufeinander zu beziehen. Denn das Vorletzte wird ja erst durch das Letzte definiert, erhält sein Recht und seine (begrenzte) Eigenständigkeit gerade dadurch. Das heißt für mich: Bei allem, was wir beraten und entscheiden, habe ich und haben wir nicht das allererste und das letzte Wort. Darum ist mir die Andacht wichtig.

Ähnliche Differenzerfahrungen mache ich bei manchen Aufgaben im Dekanatamt.
Ich nenne zwei: die Visitation und die Aufgaben eines oder einer Dienstvorgesetzten.

Bei Visitationen gilt es, Dienstaufsicht und das »*mutuum colloquium*« zu verbinden, also die äußere Ordnung einer Gemeinde wahrzunehmen und zugleich Raum für das geistliche Gespräch mit Pfarrern und Pfarrerinnen sowie mit dem Kirchengemeinderat zu bieten.
Geht beides überhaupt zusammen? Diese Frage ist berechtigt. Visitationen stehen immer in einer Spannung zwischen beiden Polen. Vielleicht geraten sie darum auch so leicht zur reinen Präsentation von Leistungen und Erfolgen.

Aber ich erlebe auch intensive Gespräche mit Kollegen und Kolleginnen; erlebe, wie praktische Herausforderungen zu theologischen Fragen werden und umgekehrt. Und das nicht nur dort, wo alles gelingt, sondern eben auch bei schwierigen Erfahrungen.
Vielleicht wird an ihnen sogar deutlicher, dass nicht wir es sind, »die da könnten die Kirche erhalten«. Das ist gewiss keine neue Einsicht – aber wir müssen sie in unserem Handeln immer wieder neu gewinnen.

Zugleich bin ich Dienstvorgesetzte für Pfarrerinnen und Pfarrer, Mitarbeiterinnen und Mitarbeiter.

Auch hier wird der Spagat zwischen dienstlicher Realität und theologischem Anspruch deutlich.
Wie viel erfordert das Pfarramt an theologischer Ausbildung und an Persönlichkeitsbildung, wie viel enthält es an »professionellen Zumutungen«! Im Umgang damit gilt es, die Kollegen und Kolleginnen zu begleiten und zu beraten. Und dazu gehören auch Beurteilungen.
Dabei sagen wir doch bei jeder Ordination, dass der Dienst an Wort und Sakrament eine göttliche Berufung sei, und wiederholen es bei jeder Investitur. Wie verhält sich dazu unser menschliches Urteil? Etwa, wenn ich einem Kollegen sagen soll, ob ich ihn für eine Aufgabe für »geeignet« oder »nicht geeignet« halte? Wenn doch klar ist: Meine Wahrnehmung ist begrenzt! Und »coram deo« wird das Urteil über einen Menschen ganz anders lauten.
Es bleibt eine schwierige Gratwanderung, die Aufgabe der Dienstaufsicht angemessen wahrzunehmen, und das nicht nur als organisatorische Herausforderung, sondern mehr noch als geistliche Frage.

Umso nötiger scheint es mir, dass wir solche Spannungen und offenen Fragen in unserem Organisationshandeln als Kirche und als Pfarrerinnen und Pfarrer auch thematisieren. Wir machen an vielen Stellen die Erfahrung, dass zunächst ein deutlicher Abstand besteht zwischen dem, wofür wir einstehen, und dem Kontext, in dem wir reden und handeln. Diese Diskrepanz können wir freilich nicht aufheben – wie ja das Evangelium überhaupt nur im Kontext unserer Wirklichkeit weitergegeben werden kann. Davon können wir nicht absehen.

Viele Gemeindeglieder beschäftigen ähnliche Fragen. Sie wollen wissen, wo und wie das Evangelium in ihrer Alltagswirklichkeit hörbar und relevant wird; wo und wie es sie anspricht und tröstet, beansprucht und befreit. Die alltägliche Erfahrung erscheint zunächst verschlossen und manchmal wie immunisiert gegen die Rede von Gott. Und es sind besondere Augenblicke, wenn zwischen beidem ein Brückenschlag gelingt, wenn das eine im anderen sich als »lebendig und kräftig« erweist.
Da ist es gewiss nicht das Schlechteste, wenn wir die Erfahrungen solcher Differenz wenigstens im Ansatz teilen.

Der Umgang mit Macht und unser Reden von Gott

Ein zweiter Erfahrungsbereich, den ich ansprechen möchte: die Erfahrung von Verantwortung und vom Umgang mit Macht.

»Schließlich hast du in deinem Amt auch Macht …« höre ich gelegentlich – und bin allzu leicht versucht abzuwehren. Als gar so machtvoll erlebe ich das Dekanatamt schließlich nicht.

Trotzdem: Leitungsaufgaben in der Kirche (dazu gehört auch das Pfarramt, erst recht das Dekanat) haben es natürlich damit zu tun. Wir bagatellisieren nur gern: »Was ich tue, ist doch vor allem Dienst.« Eine nicht untypische Reaktion für unseren Beruf!

Was aber heißt Macht in einem kirchlichen Amt? Nach reformatorischer Auffassung soll Leitung in der Kirche »*sine vi sed verbo*«, allein durch die geistliche Macht des Wortes ausgeübt werden. Also, indem wir von Gott reden und zu Gott reden.

Aber auch die Macht von Worten hat reale Auswirkungen, und unsere Entscheidungen nehmen Einfluss auf andere. In Personalfragen zum Beispiel, oder wenn wir angesichts knapper Finanzmittel über den künftigen Weg einer Gemeinde oder eines Kirchenbezirks entscheiden.
Dazu gehört der Austausch von Argumenten, der Streit und das öffentliche Gespräch. Aber es gilt, Argumente nicht nur zu sammeln, sondern auch zu gewichten und zu beurteilen – eine eminent theologische Aufgabe für Leitungsverantwortliche und Gremien. Gerade so sollen sie Leitung in der Kirche ausüben – »*sine vi sed verbo*«. Damit nicht letzten Endes immer nur »Sachzwänge« den Ausschlag geben oder allein diejenigen sich durchsetzen, die sich am besten artikulieren können.

Zu fragen ist natürlich: Können wir wirklich *das* Wort als Leitungsinstrument in Anspruch nehmen, in seinem theologisch gefüllten Sinn? Machen wir nicht eher *viele Worte*? Ob und wieweit darin das *eine* Wort aufscheint und zum Tragen kommt, haben wir jedenfalls nicht in der Hand.

Zur Erfahrung von Leitung und Verantwortung gehört darum notwendigerweise die Bitte um den Heiligen Geist; so, wie das Sakristeigebet zur Vorbereitung des Gottesdienstes gehört. Das entbindet mich nicht davon, für die eigenen Worte und Entscheidungen einzustehen. Aber diese Bitte lässt mich ihre Begrenztheit erkennen – eine Erfahrung, die demütig macht, und, wie ich meine, notwendiges Gegenstück und Voraussetzung dafür ist, Verantwortung und damit auch Macht wahrzunehmen.

Wie wir von Kirche reden

Wie reden wir von der Kirche? Meist nicht gut.
Dabei drehen sich doch die meisten unserer Überlegungen und Entscheidungen um die Kirche – als Organisation und Institution, als empirische, soziologisch beschreibbare Größe, als äußere, weltliche Gestalt. Wie ist sie auf die geglaubte Kirche, die Gemeinschaft der Heili-

gen zu beziehen? Ist das, was wir von der Institution Kirche sagen und entscheiden, nur »uneigentliche« Rede, nicht »theo-logisch«?
Wo bleibt da die Rede von Gott – erst recht das Reden zu Gott?

Mir wird in diesem Zusammenhang das Nachdenken über die Kirche wichtiger. Sie wird mir »frag-würdiger«, im Sinn von würdig, dass wir auch theologisch nach ihr fragen, weil in vielen Debatten eher unausgesprochen mitschwingt, was wir von ihr denken. Wie weiter mit Kirche und Gemeinden, welche Vorstellungen und Ziele leiten uns? Ist Kirche überhaupt wichtig? Hinter all dem stehen fast immer auch Vorstellungen von Gottes Handeln.
Im Studium, das will ich gerne einräumen, haben ekklesiologische Fragestellungen eine eher untergeordnete Rolle gespielt … doch sie bekommen neue Bedeutung von den Aufgaben der Gemeinde- und Kirchenleitung her.

Das Gebet in der Öffentlichkeit

Zum Schluss: Alles Reden von Gott hat seinen Ausgangs- und Zielpunkt im Reden zu Gott, also im Gebet. Das meine ich nicht als theologische Richtigkeit, sondern als Erfahrung, die ich im Pfarramt mache. Nach wie vor gehört für mich das Beten in der Seelsorge dazu, z.B. an Kranken- und Sterbebetten. Dahin gehört auch die elementare Erfahrung, dass manches sich eben nur im Gebet aussprechen lässt.

Aber auch das öffentliche Gebet kann dazu gehören.
Zum Beispiel jener Anruf vom Rathaus: Nächste Woche sei die Einweihung eines neuen Straßenstücks geplant. Und das Staatsministerium bestehe darauf, dass die Straße gesegnet wird. Deutlich ist dem Anrufer anzuhören, wie befremdlich er das findet – aber er sagt eben auch: Es sei wichtig, ob wir dabei sein könnten?
Alles Mögliche geht einem da durch den Kopf. Vor allem aber: Geht das? Wenn ich zusage – was tue ich da? Muss ich als evangelische Pfarrerin nicht rundheraus ablehnen; auch wenn das schwer vermittelbar wäre? Die Katholiken haben es da ja einfacher … Trotz aller Bedenken fällt der Entschluss, der Bitte nachzukommen, in ökumenischer Zusammenarbeit. Am Ort der geplanten Feier treffe ich viele Gemeindeglieder, mit erkennbaren Fragezeichen im Gesicht: Was macht die Dekanin da?
Wir haben keine Segnung vollzogen. Eine kurze Ansprache des katholischen Kollegen, ein Gebet von meiner Seite; und einige Nachgespräche: Eigentlich war es doch gut, dass ihr von der Kirche da wart. So viel guter Ackerboden, der da zugebaut worden ist! Naja, vielleicht haben ein paar Leute es durch die neue Straße endlich ruhiger … Aber das weiß man ja auch noch nicht.

Vielleicht geht es ja darum in unserem öffentlichen Gebet: solche ambivalenten Reaktionen aufnehmen. Nicht als Reden vor den Leuten (so sehr das Gebet in der Öffentlichkeit in dieser Gefahr steht), sondern als Reden zu Gott, der die Herzen und Gedanken kennt.

Umfasst und gehalten wird für mich aber beides, das Gebet in der Seelsorge wie in der Öffentlichkeit, vom Gebet in der Stille. Von der Bitte für Einzelne, für Gemeinde und Kirchenbezirk. Auch für die Pfarrer und Pfarrerinnen. Und für die Kirchenleitung. Die Bitte um Vergebung gehört dazu. Die Bitte um Stärkung und Leitung. Und die Bitte um die Gegenwart des Geistes.
Das alles braucht es, damit ich meinen Dienst ausüben kann. Es braucht dazu auch das Gespräch mit den Kollegen und Kolleginnen. Und die Anstöße und Anfragen durch die Theologie. Weil sonst das Reden von Gott unter all den »vorletzten« Fragen in Gefahr ist, auszudünnen, sich nur noch zu wiederholen und irgendwann aufzuhören.

Christoph Schwöbel

Reden von Gott – Reden zu Gott

Dialogvotum aus der Sicht der Systematischen Theologie

I Theorie aus der Praxis für die Praxis

Der Dialog zwischen Vertreterinnen und Vertretern unterschiedlicher Bereiche der kirchlichen Praxis und Lehrenden der akademischen Theologie unterstreicht einen Grundzug des Charakters der wissenschaftlichen Theologie im reformatorischen Verständnis. Theologisches Nachdenken setzt ein bei den Fragestellungen der Praxis des Lebens der Kirche in der Gesellschaft und reflektiert sie im Licht der Tradition, d.h. der biblischen Zeugnisse und der Glaubens-, Denk- und Lebenstraditionen der Kirche. Die Ergebnisse dieser Reflexion sollen dann wieder Perspektiven für die Gestaltung der Praxis der Kirche in der Gesellschaft eröffnen. Theologie ist nicht einfach Theorie für die Praxis, sondern Theorie aus der Praxis für die Praxis. Es waren die seelsorgerlichen Probleme im Zusammenhang mit der Praxis von Beichte und Buße, die den Hintergrund für die Grundeinsichten der Reformation darstellten. Diese Einsichten haben einer neuen Gestaltung der kirchlichen Praxis den Weg geebnet und die reformatorische Theologie ins Leben gerufen. Schaut man genauer hin, dann illustriert dieses Charakteristikum der reformatorischen Theologie einen Grundzug, der die christliche Theologie von ihren allerersten Anfängen an auszeichnet. So besteht auch heute die Herausforderung darin, die Probleme der Praxis des Lebens der Kirche aufzunehmen und theologisch zu reflektieren und so der Wahrnehmung der kirchlichen Praxis Orientierung zu bieten. Dabei werden in der theologischen Reflexion keine Rezepte für die Praxis erstellt. Vielmehr wird die Praxis allererst auf ihre grundsätzlichen theologischen Problemkonstellationen hin befragt. Theologische Reflexion kann nur bei der Praxis ankommen, wenn sie auch bei der Praxis ansetzt.

II Differenzerfahrungen theologisch reflektieren

Im Leben der Kirche machen wir oft die Erfahrung einer Differenz zwischen unserem Reden von Gott oder zu Gott im Gebet und den alltäglichen Situationen des Lebens der Kirche. Frau Dekanin Hege hat

dies in Bezug auf das kirchliche Verwaltungs- und Organisationshandeln, in Bezug auf den Umgang mit Macht, hinsichtlich des Redens von der Kirche und am Beispiel des öffentlichen Gebets in eindrücklicher Nachdenklichkeit illustriert. Gibt es nicht eine Dissonanz zwischen den in der Kirche notwendigen organisatorischen Maßnahmen und der Verkündigung des Evangeliums, die ihr eigentlicher Auftrag ist? Kommt es nicht zu Spannungen zwischen dem Umgang mit Macht, der auch in der Kirche als einer menschlichen Institution notwendig ist, und ihrer Rede von dem allmächtigen Gott, der alle menschliche Machtausübung relativiert? Kommt es in der Kirche nicht oft zu einem unvermittelten Kontrast zwischen der Art und Weise, wie sie menschlich organisiert und geleitet werden muss, und ihrem Selbstverständnis, demzufolge sie Geschöpf des Wortes Gottes, Kreatur des Evangeliums, ist? Macht sich diese Unstimmigkeit nicht dann besonders bemerkbar, wenn das Reden zu Gott im Zusammenhang rein weltlicher Dinge entweder merkwürdig deplatziert erscheint oder als Mittel zur Steigerung der Feierlichkeit wahrgenommen wird?
An diesen Fragen zeigen sich grundsätzliche Aspekte des christlichen Wirklichkeitsverständnisses. Die theologische Aufgabe besteht darin, diese Differenzerfahrungen theologisch zu reflektieren. Für eine solche Reflexion ist das christliche Gottesverständnis der Rahmen, in dem diese Differenzerfahrungen angemessen gedeutet werden können. Sie werfen ganz grundsätzliche Fragen über den Unterschied und die Beziehung von Gott und Welt auf. Differenzerfahrungen stellen immer vor Beziehungsaufgaben – in der kirchlichen Praxis wie in der theologischen Reflexion.

III Die Unverfügbarkeit Gottes – Schutz vor Götzendienst

Will man das Reden von Gott und die unterschiedlichen Kontexte kirchlicher Praxis richtig in Beziehung setzen, muss man zunächst den Unterschied zwischen Gott und der Welt beachten. Aus der Perspektive des christlichen Glaubens wird dieser Unterschied in der Rede von Gott dem Schöpfer und der Welt als der Gesamtheit des Geschaffenen verankert. Gerade dass Gott der Grund, der Sinn und das Ziel von allem Geschaffenen ist, unterscheidet ihn radikal von der Welt des Geschaffenen. Der Unterschied in der Beziehung zwischen Schöpfer und der Welt der Geschöpfe wird in der negativen Theologie in der Rede von den metaphysischen Eigenschaften Gottes festgehalten: der Unendlichkeit, Unveränderlichkeit und Ewigkeit (*via negativa*) ebenso wie der Allmacht, Allgegenwart und Allwissenheit Gottes (*via eminentiae*). Zu den Pointen der Rede von Gott dem Schöpfer gehört, dass Gott von allem, was nicht Gott ist, unterschieden ist, aber auch auf alles, was nicht Gott ist, bezogen ist: als sein schöpferischer Grund, sein Sinn und sein Ziel.

Die Beachtung dieser Differenz, die in radikaler Form als Unverfügbarkeit Gottes, d.h. als Ausdruck seiner unbedingten Freiheit begriffen werden muss, unterscheidet das Reden von Gott vom Reden von einem Götzen. Ein Götze – das zeigen die biblischen Überlieferungen in mannigfaltigen Variationen – ist ein verfügbarer Gott, ein Gott, der dem Menschen zur Verfügung steht. Das Diabolische der Götzen besteht darin, dass sie über die Menschen Gewalt ausüben, indem sie ihnen Verfügungsgewalt über das Göttliche in die Hand zu geben scheinen. Götzendienst bedeutet: Die Instrumentalisierung Gottes und die Instrumentalisierung des Menschen bedingen sich gegenseitig. Man könnte viele geschichtliche und aktuelle Beispiele für diese wechselseitige Instrumentalisierung im Götzendienst anführen. Wer dem Götzen des Marktes huldigt, instrumentalisiert sich damit selbst zu einem Kosten-Nutzen-Rechner. Wer den Götzen der Macht huldigt, reduziert sich selbst auf ein Wesen des Machtgebrauches. Wer die Götzen der medialen Omnipräsenz verehrt, kann sich bald nicht mehr von seinem medialen Abbild unterscheiden.

Die Differenzerfahrung zwischen dem Reden von Gott und den Kontexten kirchlicher Praxis macht jedenfalls deutlich, dass Gott nicht – noch nicht – zu einem Götzen geworden ist. Die Erfahrung des Deplatziertseins des Redens von Gott weist auf unüberschreitbare Grenzen der Instrumentalisierung Gottes hin. Diese Erfahrungen machen auf ihre Weise die Differenz zwischen Götzendienst und Gottesdienst deutlich. Sie gehören insofern zum kritischen und produktiven Potential der kirchlichen Praxis und des Redens von Gott. Sie verstellen die Möglichkeit, das Reden von Gott als Legitimationsinstanz kirchlichen Organisationshandelns einfach in Anspruch zu nehmen. Sie unterscheiden die menschliche Machtausübung auch in der Kirche von aller göttlichen Macht und fordern dazu heraus, den Zusammenhang unseres Machtgebrauchs zum Evangelium transparent zu machen. »*Sine vi humana sed verbo*« – das ist nicht nur ein Appell an die Macht der Kommunikation, sondern auch die Herausforderung, dass es ein ganz bestimmtes Wort ist, das Wort des Evangeliums, das unserem Machtgebrauch – auch dem durch Worte – Orientierung geben soll. Durch diese Differenzerfahrung wird der Kirche eingeprägt, die Autorität der Kirche nicht mit der Autorität Gottes zu verwechseln. Das Reden zu Gott – auch im Kontext des öffentlichen Lebens – ist die Inanspruchnahme einer kritischen und heilsamen Differenz zwischen Gott und seinem Handeln und allem menschlichen Handeln. Jedoch ist durch diese Feststellung der Differenz zwischen dem Schöpfer und allem Geschaffenen, durch die negative Pointierung des Unterschieds zwischen Gott und Welt die Beziehungsaufgabe noch nicht gelöst. Wie setzt sich der von allem Geschaffenen unterschiedene Gott zu uns so in Beziehung, dass wir es wagen können, von ihm zu reden und zu ihm zu reden?

IV Die Unverfügbarkeit Gottes – Gott bringt sich selbst zur Sprache

Die Unverfügbarkeit Gottes, die in der Unterscheidung zwischen dem Schöpfer und allem Geschaffenen begründet ist, beinhaltet auch, dass nur dann angemessen von Gott geredet werden kann, wenn Gott sich selbst zur Sprache bringt. Das ist der Grund der Möglichkeit einer positiven Theologie, d.h. einer Theologie, deren Rede von Gott sich auf die Rede Gottes stützt. Alles menschliche Reden von Gott muss darum in der Rede Gottes zu den Menschen verankert sein: in der Anrede des Schöpfers an seine Schöpfung, in dem fortdauernden dramatischen Gespräch zwischen Gott und seinem Volk Israel, das zu seinem Höhepunkt in Wort, Werk und Person Jesu von Nazareth findet. Die Inkarnation Gottes in Jesus Christus ist zugleich die Selbstmitteilung Gottes des Schöpfers in geschöpflichen Kommunikationsvollzügen. Die Menschwerdung Gottes ist auch die Sprachwerdung Gottes in der Sprache seiner Geschöpfe. Hier liegt der letzte Grund für alles Reden von Gott und zu Gott für den christlichen Glauben. Für den christlichen Glauben, der in der Erfahrung der Auferweckung des Gekreuzigten begründet ist, wird das Reden Jesu von Gott zur Rede von Gott in Jesus. Das Reden Jesu von Gott wird so zur Ermöglichung und zum Paradigma des Redens der Glaubenden zu Gott und so auch von Gott. Die Rede von Gott hat als Rede von Gott in Jesus ihr spezifisch christliches Profil. Jesu Rede zu Gott dem Vater ist die bleibende Ermöglichung und das Modell des Redens der Glaubenden zu Gott ihrem Schöpfer.

Der Rückbezug unseres Redens von Gott und unseres Redens zu Gott auf das Sich-selbst-zur-Sprache-Bringen Gottes in Israel und in der Geschichte und dem Geschick Jesu hat zunächst eine geradezu banale Konsequenz: Unser Reden von Gott kann dann Kontakt halten mit der Anrede Gottes an die Menschen, wenn es sich an den menschlichen Zeugnissen dieser Anrede in den biblischen Überlieferungen orientiert. Dass wir wirklich von Gott reden und nicht von einem Götzen, dass wir von *diesem* Gott reden und von keinem anderen, kann nur dadurch sichergestellt werden, dass wir die Sprachräume des Redens von Gott und des Redens zu Gott weiterhin bewohnen, die die biblischen Überlieferungen als Zeugnis vom Selbstzeugnis Gottes anbieten. Die Fremdheit, mit der uns diese Sprache auch konfrontiert, ist in sich selbst schon ein wirksames Mittel gegen die vorschnelle Instrumentalisierung Gottes – auch zu kirchlichen Zwecken. Die Rückbindung aller Aufgaben der Kirchenleitung an das *ministerium verbi divini*, an den Auftrag zum Zeugnis des Wortes Gottes, hält die kritische Pointe und das konstruktive Potential dieses Zusammenhangs fest. Dabei machen wir immer wieder die Erfahrung, dass die Differenzerfahrungen, die unser Reden von Gott in unseren Kontexten charakterisiert, sich auch in den biblischen Texten selbst wiederfindet.

V Die Unverfügbarkeit Gottes – Gottes kommunikative Selbstvergegenwärtigung im Geist

Nach dem Verständnis des christlichen Glaubens ist die Unverfügbarkeit Gottes nicht nur seine Freiheit, sich selbst zur Sprache zu bringen, sondern auch seine Großzügigkeit, Menschen das Reden von Gott und das Reden zu Gott zu ermöglichen. Fast möchte man es in leichter Abwandlung der Erklärung zum Dritten Artikel im Kleinen Katechismus so formulieren: »Ich glaube, dass ich nicht aus eigener Vernunft noch Kraft *von Gott, meinem Schöpfer, und* Jesus Christus, meinem Herrn, *reden oder zu ihm reden* kann; sondern der Heilige Geist hat mich durch das Evangelium berufen, mit seinen Gaben erleuchtet, im rechten Glauben geheiligt und erhalten *und meinen Mund aufgetan.*« Die Bedingung der Möglichkeit des Redens von Gott und des Redens zu Gott wird von Gott selbst gewährt: durch seine kommunikative Selbstvergegenwärtigung im Geist. Die Kraft zum Reden von Gott und das Zutrauen, Gott anzureden, kommen aus der Gegenwart Gottes selbst. Dabei werden uns keineswegs magische Kräfte verliehen, die wir als Geschöpfe Gottes nicht hätten. Vielmehr nimmt der Heilige Geist unsere geschöpflichen Kräfte und Fähigkeiten in Verantwortung und eröffnet ihnen die Möglichkeit, von Gott zu reden oder sich an ihn zu wenden. Zwar schaffen unsere eigene Kraft und unsere eigene Vernunft diese Möglichkeit nicht, aber wenn sie ihnen gewährt wird, werden sie zum Reden von Gott und zu Gott in Anspruch genommen. Es ist die durch den Geist gewiss gewordene Christusbotschaft, die Botschaft vom Heil Gottes für die Welt hier und jetzt, in unserer Lebensgegenwart, die unseren Mund zum Reden auftut. Die geschenkte Gewissheit motiviert zum Reden, und die erfahrene Wahrheit der Botschaft fordert, weil sie nicht nur für uns, sondern für alle Menschen gültig ist, dass wir sie anderen kommunizieren. Der Heilige Geist wirkt durch die Wege, die uns auch sonst zum Reden bringen, indem er Gewissheit schenkt und damit eine Wahrheit bestätigt, deren Inhalt nach Kommunikation verlangt. Das ist kein übernatürlicher Eingriff in unsere natürlichen Möglichkeiten zur Einsicht und zur Kommunikation, sondern die gewährte Erfüllung unserer natürlichen Möglichkeiten zur Einsicht und zur Kommunikation der Wahrheit. Wo immer wir mit einem gewissen Wahrheitsanspruch reden, reden wir aus der Gewissheit der erschlossenen Wahrheit. Sie gibt unserem Reden Anhalt an der Wirklichkeit. Die Wirklichkeit des Geistes ist die Erschließung von Wahrheit über unsere Lebenswirklichkeit.

Der Heilige Geist macht Gott so gegenwärtig, dass wir die Wahrheit der Christusbotschaft, die Wahrheit über die Geschichte und das Geschick Jesu von Nazareth als Wahrheit über unser Leben erfahren. Sie nicht mit anderen zu teilen wäre ein Verstoß gegen das Gebot der Nächstenliebe und die Bestreitung ihres Wahrheitscharakters. Die

Christusbotschaft aber erschließt uns unsere Bestimmung als Geschöpfe Gottes des Vaters, der mit seinen menschlichen Geschöpfen im gemeinschaftlichen Gespräch leben will und sie darum anredet und sie befähigt, ihm zu antworten. Darum können wir unser Leben in der Gegenwart Gottes führen, einer Gegenwart, die strukturiert ist durch Gottes Anrede und unsere Antwort auf Gottes Anrede. Die Wirklichkeit der Gegenwart Gottes, die all unser Reden, Leben und Handeln umfasst, wird uns dadurch nicht verfügbar und bleibt uns geschenkte Gabe, die wir dann annehmen können, wenn Gott selbst im Heiligen Geist unser Verschlossensein im Vertrauen auf unsere eigene Vernunft und Kraft überwindet und unser Eingeschlossensein in das Gewirr unserer eigenen Stimmen, die selbst das letzte Wort haben wollen, durch seine Anrede öffnet.

Gott überwindet unsere Verschlossenheit in uns selbst, indem er uns anredet und sich so für uns ansprechbar macht. Die Rede zu Gott als Anrede Gottes des Vaters im Geist durch Jesus Christus nimmt diese Möglichkeit wahr, und diese Wahrnehmung ist Zeugnis der Wahrheit der Selbstvergegenwärtigung Gottes. Das Reden zu Gott geht gleichsam den Weg zurück im Geist durch Jesus Christus zu Gott dem Vater, den Gott zu uns geht, indem sich der Vater durch den Sohn im Geist erschließt. Die große Erlaubnis des christlichen Glaubens ist es, den unnennbaren Gott als Vater anreden zu dürfen, nicht weil er in Analogie zu unseren Vätern oder Müttern existiert, sondern weil Jesus ihn Vater nennt und uns einlädt, als Töchter und Söhne Gottes an seiner Gottesbeziehung teilzuhaben.

VI Gottes Freiheit für seine Geschöpfe – Gottes Dienst an uns

Es gehört zu den tiefsten Einsichten des christlichen Glaubens, dass Gott sich zu uns so in Beziehung setzt, wie er in seinem eigenen Wesen ist. Wir haben es bei dem Gott, der uns in Israel begegnet, der uns in Jesus Christus anredet und im Heiligen Geist in die Gemeinschaft mit ihm ruft, nicht mit den Außenaspekten des Wesens Gottes zu tun, hinter denen sein eigentliches Wesen verborgen wäre. Gott erschließt sich als der, der er ist. Gottes Reden zu seinen Geschöpfen ist darum nicht eine gewagte Metapher für das Verhältnis eines sprachlosen Gottes zu seiner Schöpfung, sondern weist auf die kommunikative Verfassung des Wesens Gottes hin. Gottes Sein und Gottes Reden gehören in seinem kommunikativen Wesen ewig zusammen. Gott ist kein Sein, das dann auch noch redet, in Gott sind Wort und Sein identisch: Gottes Sein ist im Reden. Was anders sagt denn der Johannesprolog: »Im Anfang war das Wort, und das Wort war bei Gott, und Gott war das Wort«? Gott fängt nicht erst an zu reden, wenn er die Schöpfung und seine menschlichen Geschöpfe ins Sein ruft. Gott ist schon Rede, er ist

schon – wie Luther es formulierte – das ewige Gespräch der Personen des Vaters, des Sohnes und des Geistes. Wenn Gott eine Welt schafft, um mit ihr in kommunikative Beziehungen zu treten, wenn er sich in seinem Sohn menschlich zur Sprache bringt und wenn er in seinem Geist Menschen die Möglichkeit der Antwort auf seine Anrede eröffnet, dann tut er das, indem er die kommunikative Liebe, die sein Wesen ist, seiner Schöpfung in Freiheit mitteilt.
Eine der Pointen der reformatorischen Reorientierung des Christentums zu seinem ursprünglichen Zentrum ist darin zu sehen, dass Luther den Gottesdienst nicht als unseren Dienst Gott gegenüber verstand, sondern als Gottes Dienst an uns. Der Gottesdienst ist damit der Logik der guten Werke, die Gott gegenüber zu erbringen sind, entzogen und in die Logik des Redens Gottes zu uns und des menschlichen Redens zu Gott und von Gott eingeordnet. In seiner Struktur zeigt der Gottesdienst, wie unser Reden von Gott in der Verkündigung und unser Reden zu Gott im Gebet auf die Rede Gottes, die in menschlichen Worten als Evangelium, als Sündenvergebung und als Segen zugesagt wird, bezogen ist. Die angemessene Beziehung des Redens von Gott zum Reden zu Gott und zum Reden von weltlichen Dingen gewinnt die Kirche darum in der Beziehung allen ihren Redens und Handelns auf den christlichen Gottesdienst. Hier wird die Unverfügbarkeit Gottes als Freiheit in Beziehung erfahrbar, als Gottes Freiheit für uns, uns durch sein Wort zu ermutigen, ihn anzureden. Die Differenzerfahrungen, von denen wir ausgegangen sind, die Dissonanzen zwischen dem Reden von Gott und dem kirchlichen Organisationshandeln, die Spannungen zwischen der Autorität Gottes und der Autorität der Kirche und der unvermittelte Kontrast zwischen der Kirche als einer menschlichen Institution und ihrer Berufung Leib Christi zu sein, können im Gottesdienst ausgetragen werden. Sie sollen zur Sprache gebracht werden in der Klage und in der Bitte, aber auch im Dank und im Lobpreis. Indem diese Differenzerfahrungen im Blick auf das Reden von Gott selbst im Reden zu Gott zur Sprache gebracht werden, können die Differenzen als Teil der Beziehung erfahren werden, die Gott zu seinen Geschöpfen etabliert und die im Gottesdienst gefeiert wird. Auch die Nöte ihres eigenen Redens von Gott kann die Kirche im Reden zu Gott vor Gott bringen. Sie bringt darin die Hoffnung zum Ausdruck, dass sich auch im Blick auf diese Nöte Gottesdienst als Gottes Dienst an uns erweist, auch darin, dass wir durch Gottes Wort neu eingewiesen werden in das rechte Reden zu Gott und von Gott.

Matthias Imkampe

Von und zu Gott reden im Religionsunterricht

Silvretta Nova, Aschermittwoch 2010, schlechte Sicht und Neuschnee, 2300 Meter über Meer. Über meinen Sohn Simon lerne ich beim Skifahren eine Familie mit ostdeutschen Wurzeln kennen. Zwei Brüder, beide etwa in meinem Alter. Einer der beiden lebt als Arzt mit seiner Familie in Schwäbisch Hall, der andere als Bauingenieur und Dachdeckermeister mit dem vom Vater übernommenen Betrieb weiterhin in der Nähe von Chemnitz: Sven. Weil wir uns nicht kennen, erzählen wir von unseren jeweiligen Erfahrungsbereichen – meiner ist der eines Pfarrers, der seit mehr als zehn Jahren Religion an einem allgemeinbildenden Gymnasium unterrichtet. Eigentlich bin ich nicht »geplant« im Schuldienst gelandet, es lag mehr an der Bewerbungssituation Ende der 90er Jahre mit wenigen freien Pfarrstellen. Ausgerechnet an meinem Gymnasium, an dem ich schon Oberstufe unterrichtete, war eine Pfarrstelle für Religionsunterricht ausgeschrieben. So wurde *ein* pfarramtliches Arbeitsgebiet für mich zu *dem* pfarramtlichen Erfahrungsbereich. Die Mehrzahl meiner Schüler/innen nimmt mich wohl eher als Lehrer wahr und nur gelegentlich als Pfarrer – in Schulgottesdiensten oder in normalen Sonntagsgottesdiensten, die ich im langjährigen Schnitt durchschnittlich alle 4 bis 6 Wochen feiere.

So sitzen wir zwei, er, der engagierte ostdeutsche Christ, und ich, der westdeutsche Pfarrer als Religionslehrer, etliche Male im Sessellift, vergessen fast die Welt um uns herum und diskutieren über die Rechtfertigung von evangelischem Religionsunterricht auf dem *Hintergrund säkularer Bedingungen*.

Mitten im Nebel – oder wie aus dem Nebel sehe ich plötzlich mein berufliches Tun kritisch hinterfragt: »Gehört zum Christsein nicht eine persönliche Hinwendung aus Überzeugung?« – »Hat der Religionsunterricht Auswirkungen auf den persönlichen Glauben der Schüler/innen?« – »Gehen anschließend mehr Kinder und Jugendliche zur Kirchengemeinde bzw. nutzen kirchliche Angebote?«

Ich würde gerne alle drei exemplarisch aus jenem Gespräch wiedergegebenen Fragen mit Ja beantworten, muss die beiden letzten Fragen zum Religionsunterricht mit »eher NEIN« beantworten.

Ich will eine Annäherung an das Thema in 8 Punkten versuchen:
1 *Eine Feststellung bezüglich des Religionsunterrichtes unter Bezugnahme auf das wiedergegebene Gespräch:*
In der Regel verändert der Religionsunterricht die jeweils vorhandene oder nicht vorhandene Bindung an die Kirche bzw. kirchliche Angebote nicht. Religionsunterricht als nachgeholte christliche (oder kirchliche) Sozialisation funktioniert m.E. schon lange nicht mehr. Bei einem größeren Prozentsatz meiner Schüler/innen findet in den Familien so gut wie keine Einübung ins Christsein mehr statt. Viele Eltern lassen ihre Kinder zwar am Religionsunterricht teilnehmen und finden ihn für die Werteerziehung ihrer Kinder auch gut und wichtig. Selber aber nutzen sie häufig wenig bis gar keine kirchlichen Angebote. Die Eckdaten dazu finden sich im Jahresbericht der Landeskirche für 2009: Taufe, Konfirmation, Trauung, Bestattung, Weihnachten (vgl Jahresbericht der Landeskirche, S. 48).

2 *Gesetzlich gut abgesichert und dennoch (in Bergsteigersprache) ausgesetzt:*
Der Religionsunterricht ist durch seine grundgesetzliche Verankerung recht gut abgesichert. Dennoch müssen sich Kirche und Glauben unabhängig von den gesellschaftlichen Rahmenbedingungen bewähren. Das gilt im besonderen Maße für den Religionsunterricht. Obwohl man sich ja eigentlich nur aus Glaubens- und Gewissensgründen abmelden darf, findet faktisch eine Qualitätsprüfung mit den Füßen statt. Religion ist das einzige Schulfach, wo Schüler/innen einem unerwünschten Lehrer / einer unerwünschten Lehrerin aus dem Weg gehen können. Schüler/innen von heute sind jeglicher Vereinnahmung gegenüber sehr sensibel. Ich höre oft von Schüler/innen, man werde zwar zu freier Meinungsäußerung aufgefordert, wenn man das jedoch in Anspruch nehme und sich wirklich auch kritisch äußere, bekomme man schlechtere Bewertungen.

3 *Bezogen auf die ganze Kirche:*
Die beschriebene gesetzliche Lage gilt auch für andere Lebensäußerungen von Kirche. Einerseits ist sie als »Körperschaft des öffentlichen Rechts« verglichen mit anderen Ländern in Europa gut dran. Aber doch drängt sich mir von meiner relativen Außenposition – ich arbeite ja nicht im direkten kerngemeindlichen Bereich – manchmal der Eindruck auf, als beherrschten mehr Zahlen und wirtschaftliche Überlegungen unsere kirchlichen Debatten.
Kritisch formuliert: Im Gottesdienst wird von Gott geredet und sonst vom Geld und der Verwaltung, der Erhaltung von Gebäuden und der Reduzierung von Personal.

4 *Sprachlos und dennoch mündig:*
Ich bemerke in weiten Teilen unserer Gesellschaft eine große Sprachlosigkeit oder zumindest Fremdheit gegenüber christlichen Traditionen. Aber ich wehre mich dagegen, dass die Gottesfrage von den Rändern der Existenz – also Themen wie Tod und Endlichkeit des Lebens – wie es Bonhoeffer formuliert – »hineingeschmuggelt« wird. Die Welt ist mündig – vielleicht nicht immer unbedingt auch religionsmündig –, aber doch ist diese Mündigkeit ernstzunehmen.

5 *Fakten zum Religionsunterricht:*
Insgesamt besuchen fast 320.000 junge Menschen in Württemberg jede Schulwoche 1 1/2 Stunden evangelischen Religionsunterricht (nur für die Achtklässler sind es 45 min). Interessant ist dabei übrigens: Fast schon jede/r 5. Schüler/Schülerin ist nicht-evangelischer Teilnehmer (17,7%). Kinder also, die nicht oder noch nicht getauft sind und/oder deren Eltern ebenfalls nicht Kirchenmitglieder sind.
Am Ende einer Schulkarriere am Gymnasium kommen so in etwa 1000 Stunden Religion zusammen (vgl. Peter Kliemann, 1000 Stunden). Umgerechnet auf Gottesdienstbesuche muss man schon einige Jahre alle Sonntagsgottesdienste besuchen, um annähernd in die Reichweite solcher Zahlen zu kommen. Ich sage das nicht kokettierend, sondern will nur die ungeheuren Möglichkeiten aufzeigen, die der Religionsunterricht als letzter Außenposten der Kirche hat. Klar ist natürlich, dass mir dort nur ein kleiner Prozentsatz Kerngemeinde begegnet. Wenige dieser jungen Menschen besuchen regelmäßig Gottesdienste. Unser landeskirchliches Angebot wird von meinen Schülern oft als langweilig und rückständig, als nicht auf der Höhe der Zeit stehend bewertet. Immer wieder beobachte ich allerdings, dass Freikirchen und Sondergruppierungen aus der eher fundamentalistischen Ecke das meist besser hinkriegen.

6 *Die vermeintliche Renaissance von Religion*
Von Gott – und ich ergänze – *und der Welt* reden Schüler von heute nichtsdestotrotz gerne. Aus vielen schriftlichen Schüleräußerungen, die ich in den vergangenen zehn Jahren gesammelt habe, lässt sich eines nicht herauslesen: dass es eine Jugend ohne Gott wäre. Die Frage ist nur: welcher? In einer religionspluralen Gesellschaft diversifiziert sich das Reden von Gott – man möchte fast sagen: bis an den Rand der Beliebigkeit. Manche nennen das »Renaissance von Religion«. Ich glaube, das Nachdenken über Religion allgemein war nie wirklich weg aus dem öffentlichen Bewusstsein. Und vielleicht bewirkt ja gerade auch die offenkundige und aggressive Zurückweisung von Glauben, wie sie z.B. von Richard Dawkins offensiv vertreten wird, das genaue Gegenteil, dass sich nämlich wieder mehr Menschen für die Grundlagen von Religion interessieren.

Stellvertretend für eine Fülle von Schüleräußerungen, die ich in den letzten zehn Jahren gesammelt habe, lege ich Ihnen zwei Beispiele vor, wie Schüler/innen von heute über die Gottesfrage denken (beide stammen aus 2009).

1 Ja, für mich gibt es einen Gott. Aber eine richtige Definition für ihn habe ich nicht. Wenn ich an Gott denke, stelle ich mir keine wirkliche Gestalt vor, eigentlich stelle ich ihn mir gar nicht vor. Ich fühle mich einfach von ihm beschützt, und ich weiß, dass er mir immer helfen wird. Doch mit Jesus bringe ich ihn nicht wirklich in Verbindung, auch wenn ich bete, denke ich nicht an Jesus und auch nicht an den heiligen Geist. Ich glaube zwar an Jesu Geburt und an all die Sachen, die er getan hat, aber ihn anzubeten und so etwas tue ich nie! Ich wüsste gar nicht, wie ich ohne Gott in manchen Situationen klarkommen soll.

2 Ich persönlich glaube an Gott, und an seiner Existenz zweifle ich nicht. Meiner Meinung nach hat er nicht mehr viel mit dem christlich-biblischen Gott zu tun, weil er früher irgendwie mehr mit den Menschen zu tun hatte. Sie haben sich viel häufiger an ihn gewandt, und er hat ihnen sichtbar geholfen. Dennoch muss ich sagen, dass mir der »frühere« Gott nicht wirklich gefällt, weil er mir doch etwas böse erscheint, indem er zum Beispiel zahlreiche Unwetter oder sonstige Plagen über die Menschen gesandt hat. Heutzutage ist er – aus welchem Grund auch immer – in den Hintergrund getreten, und man kann keine direkte, sichtbare Hilfe von ihm »erwarten«. Außerdem erscheint mir dieser frühere biblische Gott zu »menschlich«. Die Israeliter zum Beispiel behandelten ihn so, als wäre er einer von ihnen, und dabei ist er so viel mehr. Aber das Gefühl, dass Gott bei einem ist, einem hilft und beschützt, bleibt. Wenn es mir mal schlecht geht (oder auch einfach mal so) und ich dann zu Gott bete, spüre ich seine Anwesenheit und fühle mich viel besser. Ich habe die Erfahrung gemacht, dass mir seine Nähe und das Gebet zu ihm in vielen Situationen sehr helfen. Für mich lässt sich Gott so beschreiben, dass er wie ein überdimensionaler »Geist« über der ganzen Menschheit schwebt und alle zu jeder Zeit im Blick hat.

Ich werte das nicht, Schüler/innen, die ich kenne, mögen das nicht, ich beobachte bloß. Und ich sehe über diesen doch längeren Zeitraum von 10 Jahren, dass nur ganz wenige junge Menschen sich wirklich als bewusst atheistisch verstehen. Der christliche Gottesbegriff auf der anderen Seite ist für viele auch wiederum sehr weit weg.

7 *Chancen von Kirche in der Schule*

Warum bin ich gerne an der Schule und empfinde es nicht als Engführung meiner pfarramtlichen Praxis? Ich erlebe in der überwiegenden Mehrheit Schüler/innen, die ernsthaft fragen nach dem, was das Leben am Ende wirklich ausmacht und ob unsere Erwachsenenmodelle, die wir ihnen zu vermitteln suchen, tragfähig sind. Und das fängt nicht erst in der Oberstufe an, sondern schon viel früher, sofern man sich offen zeigt *ihrem* Denken und Fragen gegenüber. Hierin habe ich als Pfarrer in meinem Arbeitsbereich einen unbestreitbaren Vorteil: Jeden Tag sitzen mir junge Menschen gegenüber, die nach dem Leben fragen und dem, was wirklich wichtig ist.

Es ist die Aufgabe aller religionspädagogischer Vermittlung, junge Menschen da abzuholen, wo sie stehen, was sie beschäftigt, unter den Bedingungen einer sich verändernden Welt. Religionsunterricht, aber auch weitere kirchliche Angebote bis hin zu Sonntagsgottesdiensten, die sie nicht berühren und angehen, werden immer ins Leere laufen und heutige Lebenswirklichkeiten verfehlen.

8 *Was mir nach all den Jahren als hauptamtlicher Religionslehrer wichtig erscheint oder auch: die Anforderungen von Schule an die Kirche:*

8.1 Fachkundig sein: Schüler schätzen Lehrer/innen, die in religiösen Dingen wirklich fachkundig Auskunft geben können. Hier brauche ich als Pfarrer an der Schule dringend die Theologie, und zwar auf einem fachwissenschaftlich hohen Niveau. Und ich fordere von meiner Erfahrung her auch eine angemessene Wertschätzung der Religionspädagogik im Theologiestudium wie auch in Fortbildungen für Pfarrer/innen ein.
Schüler schätzen dann weiter Lehrer, die ihre *eigenen Überzeugungen* glaubwürdig vertreten, von ihrem *persönlichen Glauben und* ihren *Zweifeln* auch Rechenschaft ablegen und einen festen Standpunkt haben. Fachkundig sein und die eigenen Überzeugungen auch zur Disposition zu stellen: zwei Brennpunkte einer Ellipse.

8.2 Christlicher Glaube in der Schule: *Was ist der Kern unseres evangelischen Glaubens?* Darüber mit jungen Menschen nachzudenken bietet mir unser weltanschaulich neutraler Staat. Was ist für mich dieser Kern?
Das Evangelium von Jesus als dem Christus befreit von allen irdischen Zwängen, denen ein Mensch von heute von Kindesbeinen an ausgesetzt ist. Und es sind eine ganze Menge Zwänge, die auf die junge Generation einwirken. Möglichst schnell sich auf den Konkurrenzdruck einstellen, möglichst schnell sich Vorteile verschaffen auf dem Schul- und Ausbildungsmarkt. Schon Fünftklässler, die es »nur« auf die Hauptschule geschafft haben, fühlen sich heute als Verlierer, und in ihren Aggressionen gegen andere spiegelt sich ihre Wut gegen den Stempel wider, den ihnen unsere heutige Leistungsgesellschaft verpasst hat und der abwertend lautet: »nur bedingt verwend- und verwertbar!«.
Hier sehe ich meinen Verkündigungsauftrag in der Schule: junge Menschen darauf anzusprechen, dass das Reich Gottes zwar auch jenseitige Anteile hat, aber doch »Christus … den Menschen [schon hier] in der Mitte seines Lebens [fasst].« (Bonhoeffer, Widerstand und Ergebung, GTB, S. 167). Durch und in Christus ist der Mensch auf sein Heilsein und Ganzsein anzusprechen, und das steht gegen eine Gesellschaft, die

den Menschen auf eine positive oder negative Bilanzsumme seiner validen oder/und defizitären Teile reduziert.
Hier findet sich m.E. auch die Verbindungslinie von Anthropologie und Christologie: Im Namen Jesu Christi widerspricht die frohe Botschaft aller Verwert- und Berechenbarkeit von Leben und spricht jedem Menschen zu: Du bist, weil Gott dich will, und keine Bedingungen dieser Welt können dich unter Rechtfertigungszwang bringen, deine bloße Existenz begründen zu müssen. Wer das im Namen Jesu Christi seinen Schülern zuspricht, kann immer wieder erstaunliche Ergebnisse erzielen.

8.3 Ich empfehle, regelmäßig *Schulgottesdienste* als Gegenüber zum Religionsunterricht zu feiern (Unter regelmäßig verstehe ich Schulbeginn, Weihnachten, Ostern und Schuljahresende). Wichtig ist, sie zusammen mit Schüler/innen vorzubereiten. Oft nutze ich dazu einen ganzen Schultag. Meistens sind Ferien nicht fern, und Kollegen sind ganz froh, wenn man eine Klasse einen Tag lang beschäftigt. Ich beginne mit einem Frühstück und sage recht klar, dass dieser Schultag nun für die Vorbereitung des Schulgottesdienstes ausreichen soll. Immer wieder gelingt Erstaunliches. Schüler/innen, die einmal einen Gottesdienst selbstständig vorbereitet haben, schätzen Gottesdienst anders wert als zuvor – auch wenn sie deshalb nicht zu regelmäßigen Sonntagsgottesdienstbesuchern werden.
Das geht im Übrigen nicht nur mit Oberstufenschüler/innen. Ich erinnere mich beispielhaft an eine 7. Klasse, die mir alle Arbeit abgenommen hat, »nein, nein Herr Imkampe, predigen tun wir, das machen nicht Sie!« Es war ein ganz toller Gottesdienst.

8.4 Seelsorge: Was für den Bereich der Notfallseelsorge festzustellen ist, trifft auch auf den Bereich von Schulseelsorge zu: Es gibt einen großen Bedarf. (Ich will es – der Zeit geschuldet – nur anreißen und nicht ausführen.) Der Spielraum, den unsere heutige Jugend hat, wird enger und kleiner im Vergleich zu früher. Man muss sich nicht wundern, wenn manche unter ihrer Last nicht mehr so können, wie sie sollen. Wer mit offenen Augen in die Augen unserer Kinder und Heranwachsenden schaut, sieht die oft große Not, weil sie unter so großem Leistungs-Druck stehen. Selbst derjenige, der sich jeder Leistung verweigert, definiert sich letztendlich doch genau darüber.
Zusammengefasst: Ich wünsche mir eine Kirche, die in allen Bereichen mit ihren Pfunden wuchert, anstatt sie nur ängstlich zusammenzuhalten, und die Gott selbst auch wirklich etwas zutraut …

Volker Drehsen

Von Gott reden – zu Gott reden: Plausibilitäten in der heutigen Lebenswelt

Im Jahr 1799, ein Jahrzehnt nach Ausbruch der Französischen Revolution, stattete der norwegische Naturforscher und Philosoph Henrik Steffens (1772–1848) der Hochburg der norddeutschen Aufklärung, der Residenzstadt Berlin, einen Besuch ab und stellte nicht ohne Verwunderung fest: »Die Kirchen waren leer, und verdienten es zu sein; die Theater waren gedrängt voll, und mit Recht.«[1] Spätestens seit dieser Sattel-Zeit um die Wende vom 18. zum 19. Jahrhundert scheint das Vorurteil vom Verdrängungswettbewerb zwischen kirchlicher Gottesdienstpraxis und allgemeiner Kulturpraxis schier unausrottbar zu sein. Beide Bereiche schienen gleichsam durch ein System der kommunizierenden Röhren miteinander verbunden: je mehr Kultur, desto weniger Religion! Je extensiver sich das gebildete Bürgertum in einer literarischen Öffentlichkeit über die Wert- und Sinngrundlagen des gemeinsamen Lebens zu verständigen wusste, je intensiver das Bürgertum dabei mehr über Goethe als über Gott diskutierte, desto offensichtlicher drohten Religion, Christentum und Kirche in eine gesellschaftliche Marginalposition einzurücken.

Bis heute – gut zweihundert Jahre nach dem Tagebuchnotat des Berlin-Besuchers Henrik Steffens – hat sich an der Situation tendenziell kaum etwas geändert, schon gar nicht in Berlin, von deren 3,4 Millionen Einwohnern sich heute etwa 59 % als konfessionslos bezeichnen, nur noch 21,5 % zur evangelischen, 9,3 % zur katholischen, 2,7 % zu anderen christlichen Gemeinschaften bekennen, 6,3 % dem Islam und 0,6 % einer anderen Religionsgemeinschaft angehören. Doch der Rückfall ins Heidentum ist nicht auf die Hauptstadt der Republik beschränkt. Auch sonst scheinen sich die Phänomene der Entkirchlichung allenthalben vermehrt, auch sonst scheint sich der Problemdruck auf die Kirchen vielfach verschärft zu haben, nur die Diagnose ist dieselbe geblieben: »Den Kirchen … droht der Absturz in die Bedeutungslosigkeit. Die Gläubigen laufen ihnen weg, die Herrschenden ignorieren ihre Mahnungen zu Solidarität und Gerechtigkeit, in der Gesellschaft spielen christliche Werte eine immer geringere Rolle. Das

[1] Zitiert nach: *Wallmann,* 184.

geistliche Vakuum füllen Sektierer und Obskuranten«, so fasste das Nachrichtenmagazin *Der Spiegel* vor einigen Jahren kurz und bündig die Lage zusammen – in einer Titelgeschichte, die mit der süffisanten Überschrift versehen war: »Jesus allein zu Haus. Glauben ohne Kirche«.[2] Was bedeutet eine solche Diagnose für die Plausibilitätschancen unserer theologischen Rede von, über und zu Gott?

Dieser Frage nach dem gesellschaftlichen Ort und nach den Plausibilitätschancen der Gottesrede hat sich Matthias Imkampe aus der Perspektive eines religionsunterrichtenden Pfarrers gestellt und dazu einige Thesen und Vermutungen geäußert, aus denen einige herausfordernde Problembereiche hier aufgegriffen werden sollen.

Imkampe macht darauf aufmerksam, dass die allgemeinen Voraussetzungen, unter denen die Gottesfrage heutzutage gestellt wird, nicht mehr identisch sind mit den Gottesbildern und Gottesreflexionen einer konfessionell bestimmten Religion: »In einer religionspluralen Gesellschaft diversifiziert sich das Reden von Gott … bis an den Rand der Beliebigkeit.« Christliche Sozialisation und christliche Erziehung bieten trotz staatskirchenrechtlicher Verankerung und Abstützung, trotz einer relativ kommod infrastrukturellen Ausstattung des konfessionellen Religionsunterrichts an öffentlichen Schulen, auch der theologischen Fakultäten an staatlichen Universitäten, keine Gewähr mehr für eine hinreichend befriedigende und nachhaltige Einübung ins Christsein. Dieser Befund mag viele Ursachen haben, die im Einzelnen präzise aufzuführen hier weder der Ort noch die Zeit ist. Einige Stichworte werden immer wieder genannt: Vor allem die Pluralisierung und Individualisierung der Religion hat die konfessionelle Unbestimmtheit der Rede von Gott begünstigt und zu jener zivilreligiösen Verallgemeinerung einer formelartigen Rede von der »Verantwortung vor Gott und den Menschen« geführt, die uns aus der Präambel des Grundgesetzes geläufig ist. Doch statt sich über die vermeintliche Verwässerung einer solchen Generalklausel zu mokieren, ist wohl darauf hinzuweisen, dass es sich dabei um eine Errungenschaft des modernen liberalen Verfassungsstaates handelt, der mit dem allgemeinen Gottesbezug in der Präambel seines Grundgesetzes ausdrücklich macht, dass »der freiheitliche, säkulare Staat … von Voraussetzungen [lebt], die er selbst nicht garantieren kann«, wie es der Verfassungsrechtler Ernst Wolfgang Böckenförde in einem viel zitierten Diktum ausgedrückt hat.[3] Der Staat legt sich damit die verfassungsrechtlich indisponible Selbstbescheidung auf, eben nicht selbst – womöglich als oberste und allmächtige Instanz – die Gottesfrage und die Frage nach den damit verbundenen Wert- und Sinnorientierungen in der Gesellschaftskultur

2 DER SPIEGEL Nr. 52 vom 22.12.1997, 58–68.
3 *Böckenförde,* Staat, 60.

letztgültig entscheiden zu wollen. Eben dies bleibt gewissermaßen dem Verständigungsprozess eines religiösen und weltanschaulichen Pluralismus überlassen, zu dessen freiheitsverbürgender Struktur es gehört, dass er nicht durch monopolistische Deutungsangebote und einseitige Homogenitätsansprüche bestimmter Konfessionen, Gruppen und Gemeinschaften außer Kraft gesetzt wird.

Der Verlust an religiös-kultureller Homogenität stellt an die Orientierungsfähigkeit des Einzelnen wie auch der gesellschaftlichen Öffentlichkeit erhöhte geistige Anforderungen. Insbesondere der Einzelne sieht sich immer wieder genötigt, sich seine individuelle Religiosität und seine religiös-weltanschaulichen Überzeugungen zu wählen, sich zwischen den vielfältig zuhandenen Möglichkeiten zu entscheiden und sich aus der Angebotsvielfalt das ihm plausibel und passend Erscheinende herauszusuchen. Pointiert gesagt: Das Individuum ist gleichsam aus der verpflichtenden Macht seiner sozialkulturellen Herkunftswelten und traditionalen Determinanten entlassen in eine mehrdeutige Freiheit und Mündigkeit religiöser Selbstbestimmung. Diese religiös-weltanschauliche Wahlfreiheit, dieser »häretische Imperativ«, wie es der amerikanische Religionssoziologe Peter L. Berger genannt hat, ist die Folge einer verwirklichten Religionsfreiheit, die nicht erst errungen werden muss, sondern die durch religiös-weltanschauliche Pluralisierung immer schon gegeben ist.[4] Die so ermöglichte Individualisierung der Religion ist ein Charakteristikum der modernen Gesellschaften und bedeutet im Endeffekt, dass tendenziell das Individuum selbst gewissermaßen als Subjekt, als »Konstrukteur« der eigenen religiösen Sinnwelt auftritt, als Akteur einer sinnhaft gedeuteten eigenen Lebensführung.

Dabei darf der religiös-weltanschauliche »Wahlzwang« nicht einfach als Möglichkeit zu oberflächlichem Konsumverhalten, etwa als »Warenhaus«-Charakter einer postmodernen Religion, als bloß integrative Anpassung an die zeitgemäßen Anforderungen einer selbstfabrizierten Patchwork-Identität missverstanden werden. Das gibt es sicher vielfach auch als Fall. Aber in der Regel handelt es sich dabei um einen höchst komplexen, Orientierungsgewissheit suchenden Prozess der Aneignung und Anverwandlung von religiösen Deutungsangeboten: Religiöse Individuation setzt die kommunikative Vermittlung der Deutungsmuster voraus und vollzieht sich jeweils in der höchst persönlichen Aneignung dieser Sinndeutungsmuster und ihres Orientierungspotenzials.[5] Überzeugungen sind in freiheitlich-demokratischen Gesellschaften in der Tat nicht mehr erzwingbar, und die angebotenen Deutungsmuster, gerade auch die Bestimmtheit von Gottesbildern und Gottesvorstellungen, sind nicht unbedingt für jedermann zwingend.

4 So der amerikanische Originaltitel »The Heretical Imperative. Contemporary Possibilities of Religious Affirmation« (1979) von *Berger*, Häresie.

5 *Knoblauch,* 277–295.

Entscheidend ist dabei vielmehr, wie sie sich mit den eigenen Lebenserfahrungen vereinbaren lassen, wie kompatibel sie sich mit der eigenen erfahrbaren Lebenswelt erweisen. Die Aneignung, Umdeutung und Umformung, aber auch die Relativierung und Ablehnung religiöser Traditionsstränge vollzieht sich vorwiegend im Suchhorizont einer individuellen Selbst-, Welt- und Wirklichkeitserfahrung. Immer wieder geht es dabei um Fragen der persönlichen, der lebensweltlichen wie lebensgeschichtlichen Identität angesichts der Erfahrungen von Endlichkeit, Widersprüchlichkeit, Misslingen, Scheitern und Unverfügbarkeit menschlicher Existenz. Religiosität ist der individuelle, Identität verbürgende Umgang mit Kontingenzerfahrungen, zu deren Unverfügbarkeit sich aus eigener Einsicht und inneren Überzeugungsgründen anerkennend zu verhalten, gerade »die Vernunft der Religion« und den Kern der Gottesfrage ausmacht.[6] Die Vernunft der Religion umfasst ein Identitätsbewusstseins davon, dass der Mensch mehr ist als die Summe seiner begrenzten Könnerschaft und seiner zufälligen Widerfahrnisse, dass er letztlich aufgehoben ist in umfassende und die Alltagserfahrungen übergreifende Zusammenhänge, in denen die Frage nach Ursprung, Sinn und Ziel des menschlichen Lebens und der gesamten Welt so gedeutet wird, dass sich der Mensch mitsamt seiner Lebensführung dazu wertend verhalten kann. Die Vermittlung einer Identitätsverbürgung angesichts der Erfahrungen der Behinderung und Beschädigung von Identität sowie die religiös-ethische Orientierungsgewissheit für die eigene Lebensführung – das sind also die grundlegenden Funktionen, welche die Religion für den Einzelnen erfüllt, auch das Christentum, soweit es noch reicht.

Damit dies gelingen kann, bedarf es freilich des mündigen, urteilsfähigen und selbstverantwortlichen Religionssubjektes, das nur durch profunde religiöse Bildung zustande kommt. Religiöse Bildung bedeutet in diesem Zusammenhang allerdings etwas anderes als ideologische Indoktrination oder spontane Parteinahme, mehr als nur informative Zurkenntnisnahme oder religionskundliche Erschließung allmöglicher religiöser oder religionsgleicher Phänomene, was sich zuweilen ausnimmt wie ein geistlicher Zoobesuch. Religiöse Bildung umfasst über religiöse Kenntnisse und Konsumierung hinaus ein lebenslanges, erfahrungsbezogenes, reflexionsfähiges und vertieft sich aneignendes Erlernen und »Erarbeiten« von religiösen Überzeugungen, die zum selbstständigen urteilsfähigen Umgang mit der religiös-weltanschaulichen Pluralität der Deutungsangebote befähigen sowie eine selbstverantwortliche Orientierung der eigenen Lebensführung und des eigenen Gesellschaftsengagements ermöglichen. Nach einem Diktum von Ernst Troeltsch steht unkultivierte Religiosität, eine Frömmigkeit ohne Bildung, hingegen stets in Gefahr, »einseitig, kulturlos, exaltiert oder

6 *Rössler,* Vernunft.

geisteseng, unharmonisch und verworren« zu werden, »in Unkultur und enges Sektenwesen auszumünden.«[7] Kurzum: »Kultivierte Religiosität« (Richard Schröder) ist immer noch der beste Appetitzügler gegen Fundamentalismus und Fanatisierung.

Auf diesem Hintergrund leuchtet es ein, dass die Bereitstellung eines geordneten Systems der religiösen Bildung und Sozialisation nicht nur im Interesse der Religionsgemeinschaften, sondern auch im wohl verstandenen Interesse des politischen Gemeinwesens liegt. Der Staat trägt diesem Erfordernis dadurch Rechnung, dass er nicht nur die allgemeine Religionsfreiheit garantiert, sondern darüber hinaus in den öffentlichen, staatlichen Schulen auf einem Religionsunterricht als ordentliches Lehrfach besteht, das »in Übereinstimmung mit den Grundsätzen der Religionsgemeinschaften erteilt« wird (so z.B. Art. 7 Abs. [3] GG). Darin drückt sich nicht etwa eine staatliche Privilegierung bestimmter Religionsgemeinschaften aus, sondern die Konsequenz aus der Einsicht, dass der Staat selbst nicht die Verantwortung für die Produktion und sachgerechte Verbreitung religiöser Bildungsinhalte übernehmen, sondern nur den Rahmen ihrer Vermittlung abstecken kann, die Vermittlung selbst aber den gesellschaftlich relevanten Religionsgemeinschaften überlassen muss.

Es versteht sich von selbst, dass in modernen komplexen Gesellschaften ein solches religiöses Bildungsangebot nur in so gut wie möglich professionalisierter Weise durch akademisch ausgebildete Lehrfachkräfte erfolgen kann. Das ergibt sich aus dem erhöhten Orientierungsbedarf, der mit einer komplexen Religionslandschaft verbunden ist. Denn es geht bei der religiös-weltanschaulichen Bildung gerade nicht um die bloße Vermittlung von Kenntnissen und Wissen, sondern um die Einübung in eine religiöse Reflexionsfähigkeit, die umso notwendiger ist, je komplexer, unübersichtlicher und ausdifferenzierter sich die religiöse Szene insgesamt darbietet. Es geht bei der religiös-weltanschaulichen Bildung auch nicht um die bloß habituelle Aneignung von Verhaltensweisen, sondern um die Hinführung zur eigenverantwortlichen religiösen Praxis, die umso notwendiger ist, je mehr ein gesellschaftlich-pluralistischer Werteüberschuss eine verallgemeinerbare Verbindlichkeit von Werten zu relativieren droht. Die eigentliche Leistung der religiösen Bildung »liegt nicht nur in der Produktion und Erhaltung der religiösen Vorstellungen [und Verhaltensweisen], die in den unterschiedlichen [Lebens-] Erfahrungen wirksam werden können, sondern ebenso im Instrumentarium und in den Modalitäten der Weitergabe, die eine individuelle Aneignung der [religiösen und weltanschaulichen] Vorstellungen und Interpretationen im Zusammenhang jeweils eigener unverwechselbarer Erfahrungen ermöglichen«.[8]

7 *Troeltsch,* Gesammelte Schriften II, 467.
8 *Rössler,* Grundriß, 477.

Und eben hier an diesem Punkt stellt sich auch die Virulenz der Gottesfrage mit besonderer Dringlichkeit – und zwar jenseits *vorgefertigter* Antworten, jenseits *traditionell oder mechanisch vollziehbarer* Konfessionsbindungen, wenngleich davon nicht unabhängig. Imkampe hebt hervor, dass zwischen den »ernsthaften (religiösen) Fragen und Interessen« auf der einen Seite und der »großen Sprachlosigkeit« und mangelnden Christlichkeit des Transzendenzbewusstseins auf der anderen Seite für ihn eine beschwerliche Diskrepanz besteht. Könnte es aber nicht sein, dass Theologen und Kirchenfunktionäre gemeinhin viel zu sehr mit sich selbst beschäftigt sind, nahezu in schädlicher Weise autistische Strukturen aufweisen, die sie immer wieder daran hindern zu hören, wo und wie die Sinnfragen nach Gott und den Menschen aufbrechen? Schon Friedrich Niebergall hat Anfang des 20. Jahrhunderts aphoristisch sinngemäß festgestellt: Theologen sind Leute, die auf Fragen antworten, die niemand stellt, und auf Fragen, die jeder stellt, bleiben sie die Antwort schuldig.[9] Im Hinblick auf die Gottesfrage möchte ich dies an einem Beispiel erläutern.

Als der deutsche Schriftsteller Wilhelm Genazino, Autor des Romans »Die Liebesblödigkeit«, im Oktober 2004 den Georg-Büchner-Preis[10] verliehen bekam, schilderte er in der Dankesrede einen Eindruck aus seiner Jugendzeit, aus der er eine für unser Thema ebenso provokante wie aufschlussreiche Quintessenz zog: »Im sogenannten Konfirmationsunterricht«, heißt es dort, »sah ich zum ersten Mal betende Menschen. Ich selbst betete nicht, ich war areligiös, wenn nicht antireligiös erzogen worden, ich sah den anderen beim Beten zu und wunderte mich. Bekanntlich hat jemand, der betet, die Vorstellung, er befinde sich in einem Gespräch mit Gott. Es stört die Betenden nicht, dass der, mit dem sie reden, nicht antwortet. Im Gegenteil, das Schweigen Gottes wird als hingegebenes Zuhören, das Vernehmen des Schweigens durch den Betenden als unausgesprochene Antwort empfunden. Für Außenstehende sprechen die Betenden nicht mit Gott, sie sprechen nur mit sich.« Es mag dahin gestellt bleiben, ob der Romancier hier ein urreligiöses Phänomen angemessen erfasst hat. Entscheidend ist: Diese fast naive, jedenfalls etwas verständnislose Beobachtung eines Außenseiters veränderte sich für ihn sogleich, als er einen geistreichen Einfall hatte, aus dem er eine bedenkenswerte These entwickelte.

Verblüffend stellt er die Behauptung auf: »Auch die Literatur ist Gebet«. Und er begründet diese Analogie mit Sätzen wie den folgenden: Literatur ist »leidenschaftliche[s] Einreden, Bitten, Vorschläge, die einzelne Menschen an übermächtige Instanzen richten« – wie das Gebet sich an Gott wendet, so die Literatur an eine diffuse Öffentlichkeit,

9 *Niebergall,* Predigt, 203–271; zitiert nach: *Hummel, G.* (Hg.), Aufgabe der Predigt, Darmstadt 1971, 9.

10 *Genazino, W.*, Trost, zitiert nach dem Text der Süddeutschen Zeitung Nr. 248 vom 25.10.2004, 15.

an deren Gerechtigkeitssinn sie appelliert. Und weiter heißt es bei Genazino: »Der Schriftsteller und der Betende teilen die metaphysische Zuversicht, durch das Schweigen hindurch gehört und sogar verstanden zu werden. Bei beiden ist die Einsicht in die Vergeblichkeit ihrer Anstrengungen vorhanden. Dennoch kümmert es beide nicht, ob sie von anderen für unzurechnungsfähig gehalten werden oder nicht. Die banale Realität, in der beide leben, wird von ihnen als unzureichend bis desaströs empfunden, allenfalls als Vorschein einer anderen Welt. Der Schriftsteller nennt diesen anderen Weltzustand die Utopie, der Gläubige nennt sie Erlösung.« Beide verhalten sich auf je eigene Weise zu den Abgründen ihres Scheiterns. Und beide wissen um ihre Endlichkeit, um ihre Vergeblichkeit, den Abgründen aus eigener Kraft entgehen zu können; der eine schreibt, der andere betet – und beides geschieht sozusagen unaufhörlich: »Die Beharrlichkeit der Literatur«, die ihre Parallele in der Beharrlichkeit des Gebetes findet, »ihr unerschütterliches Moment, ist selber quasi religiös«, beschließt Genazino den ebenso provokanten wie überraschenden Vergleich.

Was ist der springende Punkt? Es wird hier eine gewissermaßen implizite, sozusagen fast »fremdprophetische« Theologie des Gebets vor Augen geführt. Die Literatur und das Gebet ähneln sich in der Beharrlichkeit, mit der sie eine als defizitär empfundene und erfahrene Lebenswirklichkeit klagend, bittend, protestierend und Widersprüche aufzeigend zur Sprache bringen, ja mehr noch: eine als mangelhaft empfundene Wirklichkeit nicht nur benennen, sondern auf eine jenseitige Vorstellungswelt hin transzendieren, in deren Horizont sich der eine wie der andere nicht mit der gegebenen Welt abzufinden, geschweige denn zufrieden zu geben vermag: »Aus der Erfahrung der Wirklichkeit entspringt die Nötigung verändernden Denkens« – dieser von Genazino auf die Literatur gemünzte Satz könnte ebenso für die Sprache des religiösen Bewusstseins gelten; denn auch das Gebet ist eine Sprache, die sich mit der vorhandenen Wirklichkeit nicht abfindet, um es noch einmal mit den Worten Genazinos zu sagen: eine Art geistliche »Gepäckaufbewahrung; die bildet sich im unendlichen Stau dessen, was immerzu vertagt werden muss und deswegen Ewigkeit beanspruchen darf«. Die Klage als Bestimmung einer unauflöslichen Differenz zwischen vorhandenem und unabgegoltenem Begehren, die Bitte um Auflösung dieses Widerspruchs adressiert an eine höhere Instanz und aus der Einsicht heraus, den Mangel fehlgeschlagener, beschädigter Lebenswirklichkeit durch eigenes Tun selbst nicht beheben zu können. Das ist in der Tat die Grundstruktur und Urform des Gebetes wie der Literatur (unbeachtet der prinzipiellen Unterschiede, die zwischen Literatur und Gebet darüber hinaus etwa dogmatisch oder liturgisch bestehen mögen). Das Gebet bringt zunächst und vor allem – wie die Literatur – eine defizitäre, gefährdete, bedrohte Wirklichkeit zur Sprache, mit der sich der Beter wie der Literat, aus welchen unterschiedlichen Gründen auch immer, nicht abzufinden vermögen. Wer würde hier als Theologe nicht sofort an das Gleichnis von der Witwe und dem ungerechten Richter aus Lk 18,1–8 denken?

Worauf es hier ankommt: dass schon in der Art und Weise, wie der sich areligiös gebende Schriftsteller die Analogie von Gebet und Literatur beschreibt, implizit die Frage nach einem bestimmten Gottesbild enthalten ist, das sich freilich weder magisch oder abergläubisch vereinnahmen oder instrumentalisieren noch dogmatisch justieren lässt. Hier wird der unauflösliche Zusammenhang zwischen dem »Von Gott reden« und dem »Zu Gott reden« deutlich, wie es im Titel des Studientages zum Ausdruck gebracht ist. Wer betet, bringt damit anerkennend zum Ausdruck, dass sich das Gelingen seines Lebens nicht in einem Ergebnis menschlicher Lebens- und Leistungsbilanz erschöpfen kann.

So nimmt sich der Grundtenor der an Gott gerichteten Bitte *Dein Wille geschehe!* einerseits als Kritik jeder menschlichen Erfolgs- und Herrschaftsgeschichte aus, wie sie andererseits selbst noch im Scheitern als Lebensermutigung für den Menschen wirksam wird. *Dein Wille geschehe!* Dies bedeutet die Kritik jeder menschlichen Erfolgs- und Herrschaftsgeschichte: Wo Gottes Wille als Maßstab menschlicher Lebensgestalt zugrundeliegt, da erscheint es uns unmöglich, die Bruchstücke unserer Lebenserfahrungen aus eigener Kraft und eigenem Vermögen zu einer Stimmigkeit zusammenzufügen, die als Heil anerkannt zu werden vermag. Die Konsequenz besteht in dem Appell an eine höhere Instanz. Von der Durchsetzung des Gotteswillens erwarten wir ein Heil, das nicht auf die erreichbare Verwirklichung menschlicher Fähigkeit und Könnerschaft zurückgeführt werden kann. Denn was immer uns erreichbar scheint, ist nach dem Willen Gottes nicht gut genug für das Heil des Menschen, in dem sich das Gelingen seines Lebens zeigen könnte.

Aber die Bitte *Dein Wille geschehe* erschöpft sich nicht darin, unsere Hoffnungen auf eigene Möglichkeiten heilsam zu enttäuschen. Sie ist zugleich auch Ermutigung zum Leben in Erfahrungen seines Scheiterns: Wo sich Gottes Wille durchsetzt, da erscheint es für den Menschen auch nicht mehr *nötig,* für das Heil des eigenen Lebens sorgen zu müssen. Unsere Unheilserfahrungen bleiben das, was sie in den Augen Gottes sind: untrügliche Zeichen eines durch menschliche Selbstmächtigkeit nicht zu behebenden Mangels an gelungenem Leben. Mit der Bitte *Nicht unser Wille, sondern Dein Wille geschehe* erkennen wir an, dass Lebenssinn nicht die Frucht eines zu erfüllenden Pensums an Lebensleistung sein kann, sowenig er verloren gehen kann, wenn wir an einem solchen Pensum scheitern. Das, was wir bei Gott sind, was wir als sinnvoll und heilsam erfahren, verdankt sich nicht länger der Beharrlichkeit des Willens, es zu erreichen, oder der Willensschwäche, in der wir es verfehlen. Was wir bei Gott sind und als sinnvoll und heilsam erfahren können, verdanken wir einzig und allein seinem heilsamen Willen. Mit der Bitte *Dein Wille geschehe* anerkennen wir seine ausschließliche Urheberschaft für das Gelingen unseres Lebens. Dass wir um die Durchsetzung des Willens Gottes bitten, ist die Konsequenz unserer Glaubenseinsicht, dass die Sinnhaftigkeit unseres Lebens nicht abhängig ist von unserem gut gemeinten Willen oder ausweisbaren Erfolg, sondern einzig und allein von dem Vertrauen auf die Zusage der biblischen Willensbekundung, dass sich Gott selbst für das Gelingen, für das Heil, für die Vollendung unseres Lebens für zuständig erklärt.

Dagegen sind Menschen in unserer heutigen Gesellschaft immer wieder einem gnadenlosen Rechtfertigungszwang ausgesetzt. Seit der neuzeitlichen Verabschiedung eines »gnädigen Gottes« droht die Beweislast sinnvoller Lebensdeutung vollständig auf den Menschen allein überzugehen. Dadurch entsteht ein Legitimationsdruck, der den Menschen regelmäßig in dem Maße überfordert, wie er ihm ein ständiges Entschuldigungspensum auferlegt und ihn so in Verhältnisse schier unlebbarer »Übertribunalisierung« treibt, wie Odo Marquard[11] das einmal genannt hat: Lebensweltliche und lebensgeschichtliche Identität wird mehr und mehr zum Pensum der Selbstrechtfertigung: entweder in Form von Selbstbehauptung, mit der wir die Sinnhaftigkeit und den Wert unseres Lebens als Ergebnis gutgemeinten Willens oder ausweisbarer Erfolge dazustellen suchen, oder aber in Form von Selbstverleugnung, die sich im Nichtigkeitswahn gegen sich selbst immer wieder resignativ als versagend und liebensunwürdig hinstellt.

Beide Haltungen werden nun aber offensichtlich dem christlichen Gottesbild nicht gerecht. Beide stellen eine Unterschätzung der Rede von Gott dar: Auf der einen Seite wird Gott zugetraut, er könne sich tatsächlich für den Menschen mit einer Welt zufriedengeben, die sich allein menschlicher Lebensanstrengungen verdankt; auf der anderen Seite wird Gott nicht mehr zugetraut, sich dem niedrigen, endlichen, beschädigten und todesbedrohten Leben zuzuwenden. Beides dementiert ein Gottesbild, das als Kern unseres evangelischen Glaubens immer wieder dem Menschen zugute zur Sprache gebracht werden muss.

Vielleicht kommt diese heilsame Sache des christlichen Glaubens wieder zustande, wenn wir uns auf die theologische Kernkompetenz des verbindlichen, wenngleich hier nur angedeuteten »Redens von Gott« und des »Redens zu Gott« besönnen, statt uns immer wieder nur mit »steriler Aufgeregtheit« in neuen Marketing-Strategien, aufgeblähten Apparaten und kirchlichen Gremienexzessen zu verlieren, kurzum: wenn wir als Theologen heutzutage mehr auf die Dichter als auf die Unternehmensberater hörten.

11 *Marquard,* Identität, in: *Stierle, K.* (Hg.), Identität, München 1979, 685ff.

Literatur

Berger, P.L., The Heretical Imperative. Contemporary Possibilities of Religious Affirmation (1979), deutsch: Der Zwang zur Häresie. Religion in der pluralistischen Gesellschaft, Frankfurt a.M. 1980 (danach zitiert)

Böckenförde, E.-W., Staat, Gesellschaft, Freiheit, Frankfurt a.M. 1976

DER SPIEGEL Nr. 52 vom 22.12.1997, 58–68

Genazino, W., Der Trost und die Untröstlichkeit der Literatur. Georg-Büchner-Preisrede 2004, zitiert nach dem Text der Süddeutschen Zeitung Nr. 248 vom 25.10.2004, 15

Knoblauch, H., Religion und Soziologie, in: *Weyel, B. / Gräb, W.* (Hg.), Religion in der modernen Lebenswelt. Erscheinungsformen und Reflexionsperspektiven, Göttingen 2006, 277–295

Marquard, O., Identität – Autobiographie – Verantwortung. Ein Annäherungsversuch, in: *Stierle, K.* (Hg.), Identität, München 1979, 685ff

Niebergall, F., Die moderne Predigt, in: ZThK 15 (1905), 203–271; zitiert nach: *Hummel, G.* (Hg.), Aufgabe der Predigt, Darmstadt 1971

Rössler, D., Die Vernunft der Religion, München 1976

– Grundriß der Praktischen Theologie, Berlin / New York ^{2}1994

Troeltsch, E., Gesammelte Schriften, Bd. II: Zur religiösen Lage, Religionsphilosophie und Ethik (1913), Aalen 1962

Wallmann, J., Kirchengeschichte Deutschlands seit der Reformation, Tübingen ^{2}1985

Ernst Michael Dörrfuß

»Können etwa zwei miteinander wandern, sie seien denn einig untereinander?« (Am 3,3)

Heiß war es heute – und dicht ist er gewesen, dieser Studientag mit seinen vier gewichtigen, ein Zwiegespräch eröffnenden Voten aus dem weiten Feld pfarramtlicher Praxis – und den vier nicht minder gewichtigen Voten aus unterschiedlichen Disziplinen der Theologie.
Da wurde der Faden weitergesponnen, wurde Angesprochenes vertieft um weitere Aspekte – oder es wurden ganz andere Schwerpunkte gesetzt und so der Blick noch einmal erweitert.

Dass so nicht zuerst und vor allem zur Sprache kam, was die Fakultät einzubringen hat in den Dialog von Pfarramt und theologischer Wissenschaft, ist eine konzeptionelle Veränderung dieses Tages im Vergleich zum gemeinsamen Studientag vor zwei Jahren.
Ich habe verstanden, dass mit dieser konzeptionellen Änderung Anregungen aus dem Kreis der Teilnehmenden des letzten Studientages aufgenommen wurden.
Und ich meine: Die konzeptionelle Änderung hat sich bewährt.
Denn so konnten wir noch einmal anders Zeuginnen und Zeugen des ebenso unerlässlichen wie viel zu selten öffentlich gepflegten Gespräches zwischen solchen werden, die im Pfarramt Theologie treiben, und solchen, die es an der Universität tun.

Verheißungsvoll hat es sich mir dargestellt, das Gespräch zwischen pfarramtlicher Praxis und wissenschaftlicher Arbeit. Vermutlich hätte Martin Luther mit dem ihm wichtigen und bis heute unverzichtbaren Gedanken der »gegenseitigen Beratung und Tröstung der Geschwister« – »mutuum colloquium et consolationem fratrum« surorumque[1] – seine Freude gehabt an diesem Gespräch von Kanzel und Katheder.

Theologinnen und Theologen unterschiedlicher Herkunft und unterschiedlichen Standes waren engagiert beteiligt. Sie haben je Verschiedenes eingebracht, unterschiedliche Erfahrungen und Perspektiven.
Breit war das Spektrum der Fragestellungen aus den zu Wort kommenden Bereichen der pfarramtlichen Praxis.

1 *Luther*, Schmalkaldische Artikel, BSLK 449.

Breit war das methodische und thematische Spektrum der von den theologischen Disziplinen beigesteuerten Beiträge.

Und wir als Teilnehmende blieben bei dem nicht außen vor, was diejenigen Kolleginnen und Kollegen hier vorgetragen haben, die das Evangelium von Jesus Christus im Raum der Kirche unter die Leute bringen, das ganz wörtlich sonntags von der Kanzel und auch im übertragenen Sinn tun.
Sowenig wie uns Zuhörende das gleichgültig lassen konnte und gleichgültig lassen kann, was die zum heutigen Gespräch beitrugen, die die Wahrheit dieses Evangeliums als Lehrer der Theologie bezeugen.

Wir wurden herausgefordert, nicht zuletzt durch das im Jahr 2010 nicht einfach wiederzukäuende Diktum Karl Barths aus den 20er-Jahren des letzten Jahrhunderts: »Wir sollen als Theologen von Gott reden. Wir sind aber Menschen und können als solche nicht von Gott reden. Wir sollen Beides, unser Sollen und unser Nicht-Können wissen und eben damit Gott die Ehre geben«[2]; oder aber jenes Zitat aus der Kirchlichen Dogmatik, in dem Barth festhält, was alles *kein* Gebet sei: »Gebet als Glaubensdemonstration, Gebet als verkleidete Predigt, Gebet als Instrument der Erbauung ist ein heller Unfug, ist kein Gebet. Gebet ist kein Gebet, wenn man dabei einem Anderen als Gott etwas sagen will.«[3]

Ich greife jetzt fünf Aspekte des heutigen Tages nochmals auf, die mich in besonderer Weise hineingenommen haben ins Gespräch; Aspekte, die sich wie ein roter Faden durch die vier Einheiten hindurchzogen.

I.

Beeindruckt hat mich die Vielfalt und die Komplexität der Situationen, in denen pfarramtliche Praxis mit beiden Aspekten des Themas des heutigen Tages konfrontiert ist: auf dem Hintergrund säkularer Bedingungen der Gegenwart und einer oft beschriebenen Renaissance von Religion »Von Gott reden – zu Gott reden«.
Ich erinnere an die von Brigitte Strassner am Morgen beschriebene vielfältige Begleitung psychisch erkrankter Menschen oder die durch Sabine Großhennig vor Augen geführte Bandbreite von Praxisfeldern einer Gemeindepfarrerin – da war von unterschiedlichen Gottesdiensten mit ihren je eigenen Sprachformen ebenso die Rede wie vom weiten Spektrum der Bildungsarbeit und Gesprächen unterschiedlichster Art mit ebenso unterschiedlichen Gesprächspartnerinnen und -partnern.

2 *Barth*, Wort Gottes, 151.
3 *Barth*, KD III/4, 96.

Facetten kirchenleitenden Handelns hat Elisabeth Hege vorgestellt und dabei die in dekanatamtlicher Praxis prominent erfahrbare Diskrepanz zwischen Eigentlichem und Uneigentlichem bzw. im Anschluss an Dietrich Bonhoeffer: zwischen Letztem und Vorletztem[4] thematisiert. Matthias Imkampe hat an zentrale Herausforderungen erinnert, mit denen sich kirchlicher Religionsunterricht heute konfrontiert sieht.
Nicht nur sein Beitrag führt nach meinem Verständnis auf die alte Frage zurück, wie die in der christlichen Kirche gepflegte – und gelebte! – »Lebensorientierung des christl.[ichen] Glaubens [...] zugleich als Orientierungswissen für die Gesamtgesellschaft zur Wirkung kommen« kann[5].

Wobei auch die wissenschaftliche Praxis diese Vielfalt reflektiert und wahrnimmt.
Sie tut es bei der Rückbesinnung auf das Zeugnis der Schrift, wenn etwa Erhard Blum als das die alttestamentlichen Texte Verbindende benennt, dass diese »auf konkrete geschichtliche und lebensweltliche Zusammenhänge hin formuliert« sind, oder aber als »Angebote für Aneignung und Meditation in individuellen lebensgeschichtlichen Situationen« begriffen werden können.[6]
Auch Hermann Lichtenbergers Erinnerung daran, dass die gottesdienstlichen Versammlungen der frühen Christen im Kontext eines vielfältigen Pluralismus als eine *Gegenwelt* zur Nachfolge ermutigen wollten und dabei gleichermaßen als *»identity marker«* und *»boundary marker«* dienten,[7] weist auf die Vielfalt und Komplexität von Situationen hin, in denen die Wahrheit des Evangeliums von Beginn an laut wurde.
Die Vielfalt und Komplexität der Situationen ist dort im Blick, wo Christoph Schwöbel festhält, dass theologisches Nachdenken seine Fragestellungen aus der Praxis des Lebens der Kirche in der Gesellschaft erhält,[8] oder Volker Drehsen den Verlust an religiös-kultureller Homogenität mit dem damit gesteigerten Anspruch an die Orientierungsfähigkeit der Einzelnen und der gesellschaftlichen Öffentlichkeit zusammenbindet.[9]

II.

Bemerkenswert fand ich, wie die Beiträge aus der Perspektive des Pfarramts vor dem Hintergrund der (säkularen) Bedingungen unserer

4 Vgl. dazu *Bonhoeffer*, Ethik, 131ff.
5 *Schwöbel*, Theologie, 275.
6 *Blum*, 22.
7 *Lichtenberger*, 48.
8 *Schwöbel*, Vortrag, 56.
9 *Drehsen*, 70.

Gegenwart von ihrer theologischen Verantwortung so sprechen konnten, dass deutlich wurde:
Aller immer wieder geäußerten und bestimmt auch berechtigten Kritik an der theologischen Ausbildung in unserem Land zum Trotz können, wollen und sollen wir auf die solide theologische Ausbildung und Bildung nicht verzichten, die wir auch an der hiesigen Fakultät erhalten und erworben haben.

Wobei mir wichtig scheint, dass alle genannten Beiträge einer disziplinübergreifenden, die theologischen Fächer ins Gespräch bringenden und so in einem guten Sinn enzyklopädischen Theologie das Wort reden.

So werfen sie zugleich die grundlegende Frage auf, wie es angesichts der sich immer weiter ausdifferenzierenden Einzeldisziplinen innerhalb der wissenschaftlichen Theologie gelingen kann, dass universitäre Theologie sich nicht gleichsam als Arkandisziplin versteht, sondern sich immer wieder neu zu Wort meldet und sich einmischt in die vielfältigen Lebenszusammenhänge unserer Gesellschaft und dass sie sich immer wieder neu verständlich zu machen versteht auch in der vielfältigen Lebenswirklichkeit von Kirche.

Das Bewusstsein für die Notwendigkeit einer engeren Verzahnung der verschiedenen Ausbildungsphasen und das Bewusstsein für die Notwendigkeit eines »lebenslangen, offenen Bildungsprozess[es]« und damit gerade auch theologischer Weiterbildung dokumentiert die in den Jahren 2003 und 2004 von Fakultät und Oberkirchenrat beschlossene »Gemeinsame Regelung für die erste und zweite Ausbildungsphase der Pfarrerinnen und Pfarrer in der Evangelischen Landeskirche in Württemberg«[10].

Ich verstehe auch die heutigen Beiträge von Erhard Blum, Hermann Lichtenberger, Christoph Schwöbel und Volker Drehsen als einen Beitrag zu diesem Bildungsdiskurs, einen Beitrag, der zugleich die Bezogenheit der theologischen Wissenschaft auf kirchliches Handeln ernst zu nehmen vermag.

III.

Nur wenn wir in kirchlicher und wissenschaftlicher Praxis theologisch reflektiert arbeiten und uns entsprechend austauschen, können wir uns gemeinsam bewegende Fragen unaufgeregt untersuchen, wie zum Beispiel diejenige nach der oft so genannten Renaissance von Religion.

[10] Veröffentlicht im Amtsblatt der Evangelischen Landeskirche in Württemberg, Bd: 63 (2008/2009), 30–37, Zit. 31.

Aus vielen schriftlichen Schüleräußerungen kann der hier als Pfarrer und Religionslehrer sprechende Kollege das *nicht* herauslesen, dass unsere Jugend eine Jugend ohne Gott wäre, wobei er sofort mit der Beobachtung fortfährt, dass sich das Reden von Gott in einer religionspluralen Gesellschaft bis an den Rand der Beliebigkeit diversifiziere[11].

Es scheint in unserer Gegenwart ja nach wie vor *en vogue* zu sein, von Gott so zu sprechen, dass dieser als Chiffre des Unbekannten oder Unnahbaren bzw. eines ersehnten, aber unfassbaren Sinns erscheint. Wobei die Kehrseite der Medaille, die konkrete Benennung des dreieinigen als des einen Gottes, der etwa mit diesseitigen Ereignissen in Verbindung zu bringen ist, oft als nicht angemessen oder gar peinlich empfunden wird.[12]

»Wir sollen als Theologen von Gott reden. Wir sind aber Menschen und können als solche nicht von Gott reden. Wir sollen Beides, unser Sollen und Nicht-Können wissen und eben damit Gott die Ehre geben.«
Welche Herausforderung hält das Barthsche Diktum mit seinem auch religionskritischen Potential vor dem eben skizzierten Hintergrund bereit?
Welche Impulse es im Angesicht der Gespräche der Reutlinger Stadtpfarrerin geben kann, oder der Seelsorgerin in einer psychiatrischen Klinik, das haben wir heute erfahren.
Und wir haben gehört, wie es sich mit der Beobachtung einer Dekanin ›versprechen‹ lässt, dass die öffentliche Rede *zu* Gott, das heißt ein öffentlich gesprochenes Gebet, immer auch Rede *von* Gott ist und in der Öffentlichkeit als solche wahrgenommen wird.
Spannend in diesem Zusammenhang übrigens, dass der Alttestamentler am Beispiel von Ps 30 Ähnliches aufzuzeigen vermochte[13].
Spannend, wie der Neutestamentler das Christentum gemeinsam mit dem Judentum als *Glaubensgemeinschaft des Gebets* bezeichnen kann und dazu auf die Christushymnen als Gebet und Bekenntnis verbindende Texte verweist[14].
Spannend, dass der Systematiker festhält: »Die angemessene Beziehung des Redens von Gott zum Reden zu Gott und zum Reden von weltlichen Dingen gewinnt die Kirche [...] in der Beziehung allen ihren Redens und Handelns auf den christlichen Gottesdienst. Hier wird die Unverfügbarkeit Gottes als Freiheit in Beziehung erfahrbar«[15].

11 *Imkampe*, 65f.
12 Vgl. dazu z.B. *Weinrich*, 38.
13 Vgl. dazu *Blum*, 26–31ff.
14 Vgl. dazu *Lichtenberger*, 44.
15 *Schwöbel*, 62 [These 5].

Spannend, dass der Praktische Theologe formulieren kann, das Gebet bringe – wie die Literatur – zunächst und vor allem »eine defizitäre, gefährdete, bedrohte Wirklichkeit zur Sprache, mit der sich der Beter wie der Literat [...] nicht abzufinden vermag«[16].

IV.

Unentbehrlich ist Theologie also sowohl an der Universität wie im Pfarramt.
An der Universität hat sie – wie es Eberhard Jüngel prägnant formuliert hat – »die sehr besondere Wahrheit des Evangeliums zu vertreten« *und* sich »mit dieser Wahrheit am *Streit um die Wahrheit*« zu beteiligen[17].
Im Pfarramt vermag Theologie nicht nur vor ›Verblödung‹ zu schützen, wie es ein inzwischen pensionierter Kollege einmal ebenso ernsthaft wie treffend formulierte.
Wir brauchen Theologie, um unseren Dienst am Wort Gottes – das *ministerium verbi divini* – verantwortlich tun zu können: den Vollzug der öffentlichen Wortverkündigung und Sakramentsverwaltung, der Kasualien, der Seelsorge und des Unterrichts, der Leitung und Begleitung von Gemeinden, Gruppen und Gremien.
Wir brauchen Theologie, um unseren Auftrag in der uns gesetzten Begrenzung überhaupt sachgemäß ausüben zu können.
Pfarrer/Pfarrerin – ein theologischer Beruf: Christian Grethleins programmatischer Buchtitel[18] realisierte sich in den vier Beiträgen zum heutigen Studientag aus pfarramtlicher Perspektive in einer mich überzeugenden Weise.

Wir können auf dem Hintergrund unserer theologischen Reflexion beitragen zum pfarramtlichen Diskurs – wir können's, und wir wollen's auch.
Diese Botschaft habe ich den Beiträgen der Professorenschaft entnommen – und mich darüber gefreut, dass die alte Forderung nach einem Brückenschlag zwischen »gelehrter Theologie« – *theologia academica* – auf der einen und »kirchlicher Theologie« – *theologia ecclesiastica* – auf der anderen Seite heute angeldweise eingelöst wurde.
So wurde zugleich etwas von der Schleiermacher zufolge in der Praxisbeziehung ihres Gegenstandes angelegten Wechselbeziehung zwischen Wissenschaftlichkeit und Kirchlichkeit der Theologie deutlich[19].

[16] *Drehsen*, 75f.
[17] *Jüngel*, Strukturwandel, 320.
[18] *Grethlein*, Pfarrer.
[19] *Schwöbel*, Theologie, 264.

Ob der alte Begriff der *theologia viatorum,* also der Theologie »derer, die noch auf dem Weg der Pilgerschaft zum ewigen Ziel sind«[20], etwas wie ein Sinnbild sein könnte?
Wobei eine so verstandene *theologia viatorum* auch jener Vorstellung ohne weiteres Wohnrecht bieten könnte, der zufolge Gebet, Meditation und Versuchung – oratio, meditatio und tentatio also – ganz elementar zur Theologie gehören[21].

V. und Letztens

Ich habe den Tag heute als Ermutigung verstanden, unser Reden von Gott und unser Reden zu Gott immer wieder neu als Ausdruck unserer theologischen Existenz zu verstehen.

Einer theologischen Existenz, mit der wir als Pfarrerinnen und Pfarrer allen Umbrüchen und allem, was dem in unserer sich verändernden Gegenwart entgegenstehen mag, zum Trotz in ***unserem*** »Teil dafür Sorge tragen, daß die Kirche [immer neu] in Verkündigung, Lehre und Leben auf den Grund des Evangeliums gebaut wird« – wie es im Ordinationsgelübde unserer Landeskirche heißt[22].

»... helfen zu graben den Brunnen des Lebens« – zu dem, was der Freiheitsbrief des Grafen Eberhard für die Tübinger Universität vom 9. Oktober 1477 eindrücklich formuliert[23], tragen wir mit unserer theologischen Existenz an der Fakultät und im Pfarramt bei.
Wir mischen uns ein in den gesellschaftlichen Diskurs um Wahrheit und Gerechtigkeit, um die letzten und vorletzten Dinge, um das menschliche Leben und um Gott.

So sagen wir von unserer theologischen Existenz her die gute Nachricht von dem einen Gott weiter, der in Jesus Christus die Welt mit sich versöhnte.

Aus dieser theologischen Existenz speist sich unsere Neugier darauf, biblische und theologische Texte zu lesen, sie zu bedenken und mit anderen über sie ins Gespräch zu kommen. Zu dieser theologischen Existenz gehören, wie bereits gesagt, neben der Reflexion die medita-

20 *Schwöbel*, Theologie, 262.
21 Vgl. *Luther*, Vorrede.
22 Kirchenbuch, 20.
23 Vgl. dazu »… helfen zu graben den Brunnen des Lebens« – 500 Jahre Eberhard-Karls-Universität Tübingen 1477–1977, Katalog zur Ausstellung (Ausstellungskataloge der Universität Tübingen, Nr. 8), hg. v. Universitätsarchiv Tübingen, Tübingen 1977.

tio/Meditation und oratio/Gebet sowie die kollegiale oder geschwisterliche Begegnung grundlegend dazu.

Aus unserer so umrissenen theologischen Existenz im Hier und Heute speist sich schließlich unser Wissen um die Grenzen und Begrenzungen unseres theologischen Denkens, Wissens und Redens.
Wir können diese Grenzen ausloten, ohne sie überschreiten zu müssen.

Und wir dürfen mit dem Apostel Paulus betend bekennen:

»O welch eine Tiefe des Reichtums, beides, der Weisheit und der Erkenntnis Gottes! Wie unbegreiflich sind seine Gerichte und unerforschlich seine Wege! Denn ›wer hat des Herrn Sinn erkannt, oder wer ist sein Ratgeber gewesen?‹ Oder ›wer hat ihm etwas zuvor gegeben, dass Gott es ihm vergelten müsste?‹ Denn von ihm und durch ihn und zu ihm sind alle Dinge. Ihm sei Ehre in Ewigkeit! Amen.« (Röm 11,33–36)

Literatur

Barth, Karl, Die Kirchliche Dogmatik, Dritter Band: Die Lehre von der Schöpfung. 4. Teil, Zollikon-Zürich 1957

– Das Wort Gottes als Aufgabe der Theologie (1922), in: *ders.*, Vorträge und Kleinere Arbeiten 1922–1925, hg. v. *Holger Finze*, GA III/3, Zürich 1990, 144–175

Bekenntnisschriften der Evangelisch-Lutherischen Kirche, Göttingen ^{12}1988

Bonhoeffer, Dietrich, Ethik, zus.gestellt u. hg. v. *Eberhard Bethge*, München 1981

Grethlein, Christian, Pfarrer – ein theologischer Beruf, Frankfurt a.M. 2009

Jüngel, Eberhard, Strukturwandel der Öffentlichkeit. Herausforderung und Chance für die universitäre Theologie, in: *ders*, Indikative der Gnade – Imperative der Freiheit. Theologische Erörterungen, Bd. 4, Tübingen 2000, 312–329

Kirchenbuch für die Evangelische Landeskirche in Württemberg. Zweiter Teil: Sakramente und Amtshandlungen, Teilband: Einführungen, Stuttgart 1985

Luther, Martin, Schmalkaldische Artikel (1537), in: Die Bekenntnisschriften der Evangelisch-lutherischen Kirche, hg. im Gedenkjahr der Augsburgischen Konfession 1930, Göttingen ^{9}1982, 405–468

– Vorrede zum ersten Band der Wittenberger Ausgabe der deutschen Schriften, 1539, WA 50; 657–661

Schwöbel, Christoph, Art. Theologie, RGG^{4}, Bd. 8 (2005), 255–306

Weinrich, Michael, Wir sind aber Menschen. Von der möglichen Unmöglichkeit, von Gott zu reden, in: Gretchenfrage. Von Gott reden – aber wie?, Bd. 1, Jabboq 2, hg. v. *Jürgen Ebach* u.a., Gütersloh 2002, 36–98

Autorinnen und Autoren

Prof. Dr. Erhard Blum, Professor für Altes Testament an der Evangelisch-theologischen Fakultät der Universität Tübingen

Christian Buchholz, Schuldekan und Pfarrer im Ruhestand, Vorsitzender des Evangelischen Pfarrvereins in Württemberg

Dr. Ernst Michael Dörrfuß, Pfarrer und Kirchenrat, Leiter des Pastoralkollegs der Evangelischen Landeskirche in Württemberg

Prof. Dr. Volker Drehsen, Professor für Praktische Theologie an der Evangelisch-theologischen Fakultät der Universität Tübingen

Sabine Großhennig, Pfarrerin der Evangelischen Landeskirche in Württemberg an der Marienkirche Reutlingen

Elisabeth Hege, Dekanin der Evangelischen Landeskirche in Württemberg in Ditzingen

Matthias Imkampe, Oberstudienrat und Pfarrer der Evangelischen Landeskirche in Württemberg in Schwäbisch Hall

Prof. Dr. Hermann Lichtenberger, Professor für Neues Testament und Antikes Judentum an der Evangelisch-theologischen Fakultät der Universität Tübingen

Prof. Dr. Friedrich Schweitzer, Professor für Religionspädagogik an der Evangelisch-theologischen Fakultät der Universität Tübingen

Prof. Dr. Christoph Schwöbel, Professor für Systematische Theologie an der Evangelisch-theologischen Fakultät der Universität Tübingen

Brigitte Straßner, ev. Pfarrerin, ist Klinikseelsorgerin am Klinikum Nordschwarzwald

Wolfgang Traub, Pfarrer und Oberkirchenrat der Evangelischen Landeskirche in Württemberg

Hartmut Zweigle, Pfarrer der Evangelischen Landeskirche in Württemberg, Betriebsseelsorger in Sindelfingen, Mitglied des Vorstands des Evangelischen Pfarrvereins in Württemberg